メディアミックスの悪魔

井上伸一郎のおたく文化史

井上伸一郎

星海社

328

SEIKAISHA
SHINSHO

プロローグ

「東京国際アニメフェア」ボイコット

「みんなに迷惑をかけるかもしれないが、私は『東京国際アニメフェア』の出展を取りやめたいと思う」

２０１０年12月頭のことでした。当時、角川書店《かどかわしょてん》の社長だった私は、会社のアニメ宣伝担当者たちにそう決意表明しました。

「東京国際アニメフェア」は毎年3月に行われる、東京都や日本動画協会《にほんどうがきょうかい》をはじめとするアニメ事業者が主催する大きなイベントです。角川書店も２００２年の「新世紀東京国際アニメフェア21」から実行委員としてコミットしていました。翌２００３年からは「東京国際アニメフェア２００３」となり、年号をつけた毎年開催のイベントになりました。

私が決意表明したのは、２０１１年に開かれる「東京国際アニメフェア２０１１」への参加と協力の拒否でした。

なぜそんな判断にいたったのか。

全てはイベントの実行委員会委員長であり、当時の東京都知事だった石原慎太郎《いしはらしんたろう》の言動によるものです。長年ずっと我慢してきたところに、ついに堪忍袋の緒が切れる出来事が起こったのです。

それが、2010年11月。石原慎太郎が主導して自民党・公明党・民主党によって改正案が練られた「東京都青少年の健全な育成に関する条例」の提出です。

この条例による「表現規制」がそのまま実行されたら、とんでもない世の中になる。私の直感がそう告げていました。

この「東京都青少年健全育成条例改正案」のことを少し説明します。この条例は、もともと青少年（18歳未満）の健全な育成を目的として掲げていました。それにそぐわない書籍などは「有害図書」として指定される条例です。

この改正案の問題点は、見た目で18歳未満と見なされる人物が描かれたイラスト、マンガ、ゲーム、アニメ、映画などのうち、エロティックな表現があるものを規制対象にする点でした。条文では「漫画、アニメーションその他の画像（実写を除く。）」という修正が行われました。

小説家出身の石原慎太郎都知事は
「小説は文字で脳内でイメージするからいいが、画像は目に見えるからダメだ」

と語ったそうです。

さらに改正案に反対するマンガ家に対して、

「ある意味で卑しい仕事をしている」「書き手が無言の制約を受け、圧力を感じて書きたいことも書けなくなるということなのだろう。その連中が、そんなことくらいで書けなくなるなら、そんなものは作家じゃない」

と発言しました。これはマンガやアニメに対するジャンル差別、職業差別です。

実際の18歳以下の児童が性的な被害を受けることは、当然ながら阻止しなければなりません。

しかし実在の被害者が存在しない、イラストなど2次元の表現物にまで規制対象を広げることは、ナンセンスとしか言いようがありません。

知性ではなく感情が優先して、自分が気に食わないものを虐げているのではないか。偏見が剝き出しになっていると感じました。

そもそもこの条例は、憲法第21条「表現の自由」に明らかに違反しています。長年出版社でアニメやマンガ、小説などの表現に関わってきた私には、看過《かんか》できるものではありませんでした。

表現の仕方はお上が決めるものではない。作り手である作家や送り手である出版社やアニメ会社の人間が考えて、時代に合わせて自ら修正していけばいいだけのことです。

さらに驚いたのは、11月に提出された改正案が、12月の都議会で可決されるという突貫スケジュールです。採決が決定的なものだということも新聞で知りました。

作家や出版社の意見を聞き取りもせず、議論も深まっていないなかでの改正案可決は、拙速の誹《そし》りを免れません。危機感が強く芽生えました。

改正案を支持する人の意見の中には、明らかに事実誤認に基づいたものもあります。「実態を無視して、早く改正案を通したい勢力が裏にいるのではないか」という疑いを持ちました。

「子供を守るために有害図書を規制する」とだけ聞けば、反対の声を上げにくくなるのは事実です。多くの人は、「表現の自由」という目に見えない理念より、「安心・安全」という目の前の現実を重視します。

「表現の自由」を掲げても、選挙の票に結び付きにくいという現実があるかもしれません。その結果、改正案に反対する声は大きくなっていませんでした。多くの人の関心を得られずに、改正案が採決されようとしていました。

歴史を顧みれば、国が誤った道を進みだすときには、きまって表現規制が強化されてきました。

政治活動や思想をいきなり規制するのはハードルが高いので、まずは反対の声が上がりにくい「エロ・グロ」の規制が厳しくなります。やがて規制の輪は、私たちの生活の根幹にまで広がってくる。それが過去から学ぶことができる現実です。

「表現規制」の問題は、為政者《いせいしゃ》に恣意的《しいてき》に運用されると、思わぬ方向に拡大してゆく危険をはらんでいるのです。

それではどうすれば、改正案の問題点に一般の耳目《じもく》を向けることができるのか。

出版社が反対と言ったところで、目新しさはありません。むしろ改正案推進派から「自分たちの利益を守るためにやっているんだろう」と邪推《じゃすい》されるでしょう。

そこで思いついたのが「東京国際アニメフェアに出展しない」というアイデアでした。

一見すると、ふたつの事象には何の関連もないかに見えるかもしれません。しかしこれこそが、東京都知事のダブルスタンダードの盲点を突くポイントでした。「東京国際アニメフェア」への不参加表明は、東京都青少年健全育成条例改正案を巡る論議に一石を投じるはずだ、という確信がありました。

話は2001年に遡《さかのぼ》ります。東京都からアニメ製作会社やアニメ制作スタジオに「東京国際アニメフェア21」を立ち上げるから協力してほしい、という連絡がありました。「事情はよく分からないけれど、まずは東京都庁に行って話を聞いてみるか」という軽い気持ちで西新宿に出向きました。

都庁の大講堂に関係者一同が集められて都からの説明を聞いたのですが、東京ビッグサイトで見本市型のイベントをやりたいというだけで、明確な理念が感じられませんでした。都の職員の方々と話をするものの、彼らも石原都知事が言い出したことに振り回されている感じです。東京都のイベントの盛り上げに、アニメの力を利用しようとしているだけはないか。そんな印象を持ちました。

出展をお願いされている立場にもかかわらず「すでに開催は決定しているから参加すべし」という上から目線の物言いをされました。アニメ制作スタジオのプロデューサーたちと「いったい何がやりたんだ」と愚痴《ぐち》を言いながら都庁を出たのを覚えています。アニメ関係者の意思ではなく、都から「やらされている」感じで、その後何年かの「東京国際アニメフェア」が行われました。

「東京国際アニメフェア」と同時開催されるのが「東京アニメアワード」です。毎年アニメフェアの最終日に、会場である東京ビッグサイトで授賞式が行われます。

特に印象に残った事件がありました。2005年の「東京アニメアワード」でのことです。

この年は『ハウルの動く城』で宮﨑駿《みやざきはやお》監督が監督賞を受賞しました。壇上で石原慎太郎都知事が宮﨑さんに表彰状を手渡した後、宮﨑さんを壇上に立たせたまま、スピーチを始めました。受賞者の宮﨑さんやアニメ関係者の労をたたえる内容であればよかったのですが、

「日本のアニメ界には宮﨑さんしかいないのか。毎回宮﨑さんが受賞するようではだめだ」
「日本のアニメは同じようなものばかりだ。もっと人を助けるような内容のアニメを作れないのか」

というような自説をまくし立てたのです。

日本のアニメの現状を知らないで話しているのは明らかでした。

客席にいた私には、石原都知事の後ろに立たされたままの宮﨑さんの顔が、どんどん強張ってゆくように見えました。

都知事はアニメにリスペクトを感じていない、と痛感した瞬間でした。

また、こんな出来事もありました。確か２００６年のアニメフェアの準備会でのことです。この時も都庁の大講堂に、実行委員会のアニメ関係者が集められていました。

会に現れた石原都知事は、冒頭の挨拶で、

「やはりアニメフェアにはアワードが必要だ。来年からアワードを作ろう」

と一方的に話すと、さっさと奥に引っ込んでしまいました。

前出の通り、すでにアワードは存在するのに、どういう意味なのか。会場全体がポカーンとした空気に包まれました。もしかしたら「東京アニメアワード」の存在自体を忘れていたのかもしれません。都知事にとって、アワードはそれくらい軽い存在なのか。やはりアニメを軽視しているのだな、ということだけは伝わってきました。

「都知事の発言はどういう意味だったんでしょうか？」

会の終了後に都の職員の方が困り顔で相談に来ましたが、

「分かりません。ご自分で聞いてくださいよ」

と答えることしかできませんでした。

さらに2007年のことです。「東京アニメフェア」開催の前夜には、委員会や関係者を集めた小規模のパーティが毎年開かれていました。2007年は、このパーティが例年とは違い、東京湾のクルーズ船で行われたのです。

「今年のパーティは規模が大きいな。ようやく東京都もアニメ関係者に敬意を払うようになってくれたのか」

クルーズ船のデッキで夜の東京湾を見ながら感慨にふけっていると、ある人が、

「今年は都知事選がありますからね」

と囁いてきました。一気に体の熱が冷める思いでした。

本当に選挙があるからパーティを豪華にしたのかは分かりませんが、こんなところでもアニメを利用するのか、と冷えた怒りが湧いたのを覚えています。

アニメやマンガを蔑《さげす》みながら、一方ではその力を借りて人気取りに利用する。ダブルスタンダードそのものです。

このようなことが繰り返されて、石原都知事に対して不信感がつのっていきました。

その結果、表現規制問題に徹底的に抗戦しようという思いに至ったのです。

「東京国際アニメフェア」に出展しないことを表明する。その理由を表現規制問題に求める。

普段は表現規制問題に無関心なマスコミや一般の方々も、こうした戦い方なら注目してくれるに違いない、という狙いがありました。みんな他人の喧嘩《けんか》を見るのは大好きですからね。

自分にとっては、これが世間の耳目を集める「たったひとつの冴えたやりかた」だったのです。

このアイデアを実行するにあたり、真っ先に相談した人物がいます。それがマンガ家・デザイナーの永野《ながの》護《まもる》さんです。

この後の章で詳しく語りますが、私の仕事人生に大きな影響を与えた3人の人物のひとりです。長く仕事を共にしたパートナーであり、大切な友人でもあります。

私はまず最初に、表現規制問題の当事者である永野さんの意見を聞きたかったのでした。

「伸《しん》ちゃんがやりたいんなら、いいんじゃないか。アニメやマンガやゲームが、政治家のコントロールを受けたら終わりだよ」

永野さんは私のアイデアを支持してくれました。

彼とは私が最初に仕事を始めた「アニメック」編集部時代に知り合いました。「月刊ニュータイプ」では彼の『ファイブスター物語《ストーリーズ》』の初代担当編集者を務めていました。お互いに気心の知れた仲間です。だからきっと理解してくれると信じていました。

正直、永野さんに止められたらこのアイデアは捨てようと考えていました。彼が支持してくれたことで、自分の心のアクセルを踏みこめました。

東京国際アニメフェアの角川書店の担当はアニメの宣伝部隊です。すぐにアニメの宣伝担当者を集めて、自分の決意表明をしたのは前述の通りです。

アニメフェアに出展しないということは、その春放送のアニメを宣伝する機会のひとつを失うことになります。担当者たちから反対の声が出るかと思いきや、意外にも私の提案に賛成してくれました。みんなも石原都知事の言動には反感を持っていたようです。

こうした流れを受け、12月8日に私のTwitter（現・X）の個人アカウントで、

「さてこの度、角川書店は来年の東京アニメフェアへの出展を取りやめることにいたしました。マンガ家やアニメ関係者に対しての、都の姿勢に納得のいかないところがありま

して。」

　とツイートしました。

　最初は都条例改正案について直接触れた文を書いたのですが、アニメ宣伝部のメンバーから、

「表現に余白を残した方がいい」

　とアドバイスを受けて、この文章になりました。確かにこれは効果的で、ツイートを読んでくださった方々の想像力を刺激したようです。

　私のツイートは瞬く間に大量に拡散されました。

　表現規制に反対する人々の共感を呼び、励ましの声も寄せられました。

　翌日にはマスコミにも大きく取り上げられました。地下鉄の駅を歩いていて、偶然「東京都対角川書店」とデカデカと書かれた夕刊紙のキオスクのＰＯＰを見た時は、さすがにぎょっとしましたが。

　当時の角川書店は、角川グループホールディングスという、持ち株会社の傘下にある出版社のひとつでした。親会社のホールディングスには角川歴彦《かどかわつぐひこ》会長や佐藤辰男《さとうたつお》社長という私の上司にあたる方たちがいたのですが、彼らには事前に一言も連絡していませんでした。

「止めろ」と言われるのが嫌だったからです。当時の角川グループには、子会社の社長にそのくらい自由な裁量権《さいりょうけん》が与えられていました。現在ですと、「企業としてのガバナンスが云々」と言われるかもしれませんね。

「東京国際アニメフェア」不参加表明は目論《もくろ》み通り、いや、目論み以上に大きな話題になりました。

表現規制反対派の方々はもちろん、今までこの問題に関心の薄かった層にも届きました。都条例改正案は人々の目にさらされ、改正反対の声が日に日に大きくなるのを実感しました。

それに合わせて、東京国際アニメフェアへの出展を辞退する企業も増えていきます。最初は角川書店一社だけの動きでしたが、他の企業も続々と名乗りを上げました。特にマンガを預かる出版社は、すぐに結束を固めました。最終的には秋田書店《あきたしょてん》、角川書店、講談社《こうだんしゃ》、集英社《しゅうえいしゃ》、小学館《しょうがくかん》、少年画報社《しょうねんがほうしゃ》、新潮社《しんちょうしゃ》、白泉社《はくせんしゃ》、双葉社《ふたばしゃ》、リイド社《しゃ》で構成された「コミック10社会」として、「東京国際アニメフェア2011」に、協力と参加の拒否をする声明を発表しました。その声明のなかでも実行委員長である石原慎太郎都知事の言動に苦言を呈しました。都条例改正案が、マンガ家やアニメ制作者との話し合いが一度もないままに進められていることを批判したのです。

当の石原都知事は、

「これ（条例改正）を理由に来ないならどっかの会社がね。来なきゃいいんだよ、アニメフェアに。来年、ほえ面《づら》かいてるよ。ずっと来なくてもいいよ。来る連中だけでやります」

と語りました。大半の出展社がアニメフェアの出展を辞退することになるとは、想像していなかったはずです。

石原都知事はこんな調子でしたが、おそらく都の現場は大慌てだったのでしょう。裏では猪瀬《いのせ》直樹《なおき》副都知事が私に接触を求めてきました。

「都条例改正案とアニメフェアについて話し合いたい」

と言うのです。

都条例改正案の見直しにつながるかもしれないと、一縷《いちる》の望みを持ちました。当時の角川書店の法務担当者を伴って、猪瀬副都知事と都庁で対面しました。

猪瀬副都知事は椅子に座ったまま、タバコをくゆらして、私たちを迎えました。

「アニメフェアへの協力拒否について考え直してくれ」

と、石原都知事とは正反対のことを言われました。もちろん、それは拒否せざるを得ません。

肝心の都条例改正案についてはお互いの意見は平行線でした。ただ、条例が独り歩きしないように、有害図書の審査員に現役の人気マンガ家を加えてはどうか、というアイデアが猪瀬副都知事側から出され、それは検討の余地があるかもしれないと思いました。

いずれにしろ、その時はコミック10社会や出版社の代表としてではなく、あくまで一個人として話し合いに臨んだに過ぎません。少しでも都と連絡のパイプを残しておこうと、猪瀬副都知事と携帯電話の番号を交換して帰りました。


「自分も石原慎太郎は嫌いなんです。都庁に対抗するわけではないけれど、自分たちでアニメのイベントをやりませんか？」

アニプレックス代表取締役社長の夏目《なつめ》公一朗《こういちろう》さんから突然の電話をいただいたのは、年も押し迫ったころです。

確かに今までの東京国際アニメフェアは、自分たちアニメ界のイベントというよりは、都の戦略にアニメ界が無理やり協力させられている、という気分でした。自分たちでイベントをやるなら、嫌な思いをして参加する必要はありません。企画も自分たちの意思で決められます。

がぜん興味をそそられました。

12月23日、当時の天皇誕生日に、主たるアニメ製作会社の代表が、市谷《いちがや》のアニプレックス本社ビルに集まりました。

ひっそりと静まり返ったビルでの会談は、秘密会議めいて、皆テンションが上がっていました。決裁権を持つメンバーだけが集まったので話は早い。その場で展示会型のイベント開催が決定しました。すぐにイベントの準備会が作られ、現場の担当者たちは会場探しに奔走します。

後に「アニメ コンテンツ エキスポ」と名付けられるイベントのキックオフです。

会場については、幸運なことに幕張メッセを押さえることができました。開催まで3か月を切ったこの時期に、幕張メッセが空いていたこと自体が奇跡的です。偶然にも3月26日、27日と「東京国際アニメフェア」と同日開催となりました。日程をぶつけたわけではなく、そこしか空いていなかった、というのが実情です。

出展社を募ったところ、「東京国際アニメフェア」に不参加表明をした企業が続々参加を申し込んでくれました。

こうした動きに危機感を覚えたのでしょうか。

2月末の日曜日の20時30分ごろ、突然携帯電話に猪瀬副都知事から着信がありました。

「アニメ コンテンツ エキスポを止めてくれないか」

というのです。

まだ宵の口なのに、酔っぱらっているような口調でした。すぐに、

「そんなことできるわけないでしょう!」

と答えて電話を切りました。

「アニメ コンテンツ エキスポ」は、通常ではありえないスピードで開催の準備が進みました。アニメファンの期待の高まりも伝わってきます。私たちが成功を確信した時でした。

2011年3月11日。東日本大震災が発生しました。

地震と津波による被害は、東北と北関東一帯に甚大な被害を与えました。死者・行方不明者は最終的に1万8000人以上。

当時、交通や電力網など生活インフラは麻痺し、復旧まで長い時間が見込まれました。

何より福島第一原発では未曾有の事故が起こり、その危機は東日本全体を壊滅させるかも

しれない規模のものです。

倫理的に、とてもイベントを行える状況ではありません。「アニメ コンテンツ エキスポ」はすぐさま担当メンバーを招集して協議。やむなく中止を決定しました。

イベントよりも、電力エネルギーや人的リソースを、少しでも復興に回すべきだと考えました（忘れられがちですが、幕張メッセがある千葉県も被災地です）。

こうした私たちの中止の決断に対して、石原都知事はネットの番組で、

「ざまあみろ」

と言い放ちました。日本中がたいへんな時期に、いったいどういう神経をしているのか。疑問しか湧かない発言です。

この発言を聞いたとき、心の底から「東京国際アニメフェア」と別れてよかった、と感じました。

翌2012年3月31日、4月1日。1年越しで第1回「アニメ コンテンツ エキスポ」を開催することができました。会場は同じく幕張メッセ。

アニメファンの熱が1年経っても維持されているのか。正直心配でした。

初日は幕張メッセの最寄り駅である海浜幕張駅を通るJR京葉線が止まってしまうほど

の強風で、本当にファンたちが来てくれるのか気が気ではありませんでした。しかし強風のなか、どうやって幕張にたどり着いてくれたものか、朝から大勢のファンが幕張メッセに詰めかけました。

2日間の総来場者数は4万2000人に及び、うれしくて涙が出そうになったことを覚えています。「アニメ コンテンツ エキスポ」に参加を決めてくれた各社とも、喜びを分かち合いました。自分たちの意思で、自分たちのイベントを作ることができたのが、何よりの喜びでした。

「アニメ コンテンツ エキスポ」は翌2013年も開催し、初年度を上回る7万人を動員しました。

この前年に大きな動きがありました。

石原慎太郎が2012年10月に都知事四期目途中に知事職を辞任して、衆議院議員として国政に復帰したのです。

ようやく正面切って「東京国際アニメフェア」サイドと向き合える土壌ができました。

「アニメ コンテンツ エキスポ」に参加している企業が抜けた後の「東京国際アニメフェ

ア」の惨状は伝わってきていました。

「東京国際アニメフェア」を運営しているのは東京都であるのと同時に、日本動画協会。アニメ制作会社が集まった団体で、メンバーは顔見知りの方ばかりです。彼らを苦しめ続けるわけにはいかない、というのが正直な気持ちでした。

この時期、私はすでにイベントの一線からは退いていました。現場で「アニメ コンテンツ エキスポ」を取り仕切る若いスタッフたちが動いて、「東京国際アニメフェア」サイドと協議を重ねてくれました。

その結果、「東京国際アニメフェア」と「アニメ コンテンツ エキスポ」を合体させて、新たに「AnimeJapan（アニメジャパン）」というイベントが誕生しました。

「AnimeJapan」は東京都が運営に参加しないイベントです。アニメ界のプレイヤーが自分の意思で実行できるところは「アニメ コンテンツ エキスポ」の理念を引き継いでいます。

2014年の第1回開催前に、実行委員会の記者会見が行われました。記者から私に、

「都条例の問題は解決したと思うか？」

という質問がありました。私の答えは、

「解決したとは思っていない」

でした。

そう、都条例改正案は、既定の通り2010年12月に都議会で採決されていたのです。

しかし、私たち出版社やアニメ関係会社があれだけ「表現規制」に反対の声を上げる姿勢を見せたことで、実質的な運用は慎重にならざるを得なくなりました。

今のところ、東京都側が無茶な運用をする兆候は見られません。しかし、何かおかしな動きがある時には、すぐにそれを糾弾する。私たち表現者の側に立つものは、常に運用を厳しくウォッチしているという姿勢を示す必要があるのです。

おかげさまでふたつのイベントが合体した「AnimeJapan」は順調に成長を続けました。コロナ禍で一時的な落ち込みはありましたが、COVID-19が5類に分類されてから初めての開催となった「AnimeJapan 2024」は13万人を超える動員を達成し、勢いを取り戻しました。

これからも日本のアニメの隆盛を象徴するイベントとしてファンから愛されてゆくことでしょう。

一方で、東京都の変化も感じます。

現在の東京都の産業労働局の方々は、きちんとアニメやマンガにリスペクトを持って、業界に接してくださっています。

また、東京都で60年続いた「不健全図書」の名称が変更されることになりました。マンガ家の皆さんの署名運動が実を結んだ結果です。

世代の変化とともに、社会の空気も変わってゆくのかもしれません。


私にとって石原慎太郎都知事に喧嘩を売ることは、私が見てきたアニメやマンガを守るために必要な行為でした。

かつて「テレビまんが」や「悪書」と言われ、大人たちの嫌悪の対象だったものが、今や日本を代表する文化になっている。

その可能性を閉じさせようとする人たちには、正々堂々と抗いたかった。それが、文化の過去と現代と未来を護ることにつながると思ったのです。

一方で、「表現の自由」という言葉をはき違えている事象も散見されます。

ネット上では、半分ビジネスで差別的な発言をしているだろう人や、それを無邪気に拡散している人がいます。

それを「表現の自由」と言うような人には、賛同することはできません。差別表現は、

「表現の自由」の中ではなく、外にあるものだからです。

近年の新しい技術で生まれた、実在の人物をＡＩで加工して被害を与える性的ディープフェイクも「表現の自由」の外にあるものだと思います。

私たちが「表現規制問題」と戦ってきたことが、そういう人たちに利用されるのは、辛い気持ちになります。

やはり表現する人たちは、自分たちの責任を常に意識してほしい。「表現の自由」を錦の御旗にして、「何をやってもいい」わけではありません。

世界や時代の価値観と照らし合わせて、しっかりと考えたうえで「表現」してもらいたい。

それだけはこれからも、声を大にして言い続けるつもりです。


今回、この本を出版する機会をいただいたことで、あらためて「どうして自分はアニメやマンガ（さらにＳＦやミステリや特撮や、とにかく自分が好きなもの）を馬鹿にされると、こんなに腹が立つのか」

と考えました。

どうやらそのルーツは、私の幼少期に遡るようです。
1959年生まれの私は、世間でいう「おたく第一世代」に分類されます。
私が、そして私たち「おたく第一世代」が読んだり見たりしてきたもの。
かつてはきっと、弱くて小さな芽だったのでしょう。
それらは今、大輪の花を咲かせつつあります。
そうした、かつて小さき存在だったものへの愛情が、私を突き動かしてきたのです。

解説

おたく／オタクの成熟と「社会」との距離感について

2010年の『東京国際アニメフェア』ボイコット事件は、当時のオタク的な文化の置かれた状況を象徴する出来事であり、そしてこれらの文化の担い手の成熟を象徴する出来事でもあった。悪名高い「クールジャパン」戦略の空回りは記憶に新しいが、この時期国家はマンガ、アニメ、ゲームといったオタク的な文化を、数少ない伸びしろのある輸出産業として位置づけつつあった。その一方で、当時はまだ昭和前半生まれの世代を中心にこれらの文化に対する偏見は根強く、ここで取り上げられる石原慎太郎の諸発言、そしてこれまた悪名高い「東京都青少年健全育成条例改正案」はこうした偏見が表出したものだと考えればよい。そして井上伸一郎らが発起した『東京国際アニメフェア』ボイコットは一方では国策として祭り上げられ、他方では俗悪な子供文化として排撃される現状に対するおそらくははじめての、これらの文化の担い手たちが広く連帯した大掛かりな社会的なアクションとして位置づけられるだろう。それも、ただ「抗議する」だけではなく、自分たちでよりよいイベントを開催することで対案を実現するという、非常に「建設的な」経緯をたどったことも、この「事件」の特徴だ。

個人的にこの「事件」を考えるうえで、思い出す談話がある。それは押井守《おしいまもる》が1989年の『機動警察パトレイバー the Movie』の公開時のインタビューで述べていたことだ。

〈こんどの映画でやりたいことを一言で言えば、時代性。今の時代に自分が何を考えているのかを、多少なりとも込めたい。(中略)僕は東京で生まれて東京で育った人間なんだけど、子供の頃から見てきたイメージからすると、この街はもう引き返し不可能点に来ている。膨れ上がるだけ膨れ上がって、パンクするしかない。実際に都市で生活している若い人にはそういうことがよく判っているはずなんだ。

実際、人間というのは、どんどん変わっていく風景には馴染まない。今の東京は形態がどんどん変わるのがウリなんです。都市の変化のスピードに自分の感覚が遅れてしまうことの恐怖。それが彼らの中に蔓延しているんです。でも、東京をこんな街に作り上げてしまったのは僕達の世代なんです。そういう意味で原罪を背負っている。それにどうオトシマエをつけるかということ。それは単純に「壊れてしまえ」というヒステリックな表現じゃなく、もう少し他の抵抗の仕方。今の都市環境とかコンピュータ・システムと、どう対応して生きていくかっていうこと。〉

（〈アニメージュ〉1989年6月号より）

ここで1951年生まれの押井は「遅れてきた全共闘世代」として、かつての学生反乱の『壊れてしまえ』というヒステリックな表現」を総括し、「そうではない」別の方法で社会と対峙することを宣言している。

押井より8歳年下の井上は、押井が「パトレイバー」の企画チームとして当時距離感を覚えながら接していた「おたく第一世代」——ゆうきまさみや出渕裕《いづぶちゆたか》——と同世代に当たる。この世代は「新人類」世代とも呼ばれる。

しかし正確にはこの「新人類」的な文化と「おたく」的な文化は、同じユースカルチャーでもかなり傾向が異なっていた。前者は音楽やファッションを中心とした都市のストリートカルチャーであり、後者はマンガやアニメを中心とした全国区のメディアカルチャーだった。

今日における「サブカル」と「オタク」のルーツであるこの「新人類」と「おたく」は、その政治的なスタンスも大きく異なっていた。

これらの文化が拡大した80年代は、60年代の学生反乱の時代を席巻した政治性が、「ダサい」ものとして軽蔑された時代だった。「新人類」たちは「政治の話なんてダサくてできない」と、文化的な「戯れ」に「逃走」することを選ぶ一方で、「おたく」たちは虚構の世界で現実の世界からは失われた正義や愛といった「恥ずかしい」主題を、ファンタジーの世界を経由することで背を向けずに受け止めていた。

その結果としてここ（後者）には、全共闘的な「抵抗」の自己目的化もなければ、新人類的なファッションとしての「逃走」とも違う、政治的なものとの中距離が半ば無自覚に生まれていたようにも思う。

つまり押井にとってパトレイバー「1」は、一世代下の「おたく」たちの感性を借りて発見した「そうではない」社会との距離感と進入角度の表現でもあったのだ。

その後、押井は『パトレイバー2 the Movie』において結果的に反体制的なテロに感情移入し、特車二課の若い警官たちの青春群像を大きく後退させる。そしてゆうきまさみはそれに反発を示し、あくまで彼ら個人の成熟像として、法と秩序の枠内にとどまり、自らの「仕事」を全うする範囲での社会改良を示すことでマンガ版『パトレイバー』を完結させる。

こうして考えたとき、井上らによるこの『東京国際アニメフェア』ボイコット事件から『AnimeJapan』誕生の経緯は、おたく第一世代の示した、彼らなりの「オトシマエ」の付け方——社会化の方法——が結果的に、現実の政治的なアクションとして表現された事件でもあったことがよく分かる。

国家に対して盲目的に服従することも、ニヒリスティックに社会から距離を置くこともなく、そして抵抗すること自体を目的に自己完結もしない。自分たちなりの対案を「つくる」ことでよりよいステージを模索する。この距離感と進入角度を、おたく的な文化を受け取り、そして自らが「つくる」側に回った最初の世代がかたちにしたことを、過小評価してはいけない。

目次

1978-1984

アニメ雑誌「アニメック」の時代

1985-2006

ニュータイプ編集部とアニメ・コミック事業部の時代

2007-2021

角川書店社長、そしてKADOKAWAへ

1959-1977

少年の夢、おたく第一世代が見てきたもの

1・「3大ロボットアニメとの出会い」と「テレビまんが」時代

私が生まれたのは1959年。

生地は東京の西にある日野という街です。

立川と八王子という大きな街に挟まれている日野は、当時も今も市内に映画館がひとつもありません。繁華街のない街。多摩地区のJR中央線沿線にある、エアポケットのように静かなところでした。

私が幼児だったころは、田んぼや畑が市内の大部分を占めていました。少しずつ緑が切り崩されて、住宅地が広がってゆくのを見て育ちました。高度成長時代。多摩地区は東京のベッドタウンになっていきます。

1960代前半まで、古くから日野に住んでいた人間は、どこか肩身の狭い思いをしていました。

日野は新選組《しんせんぐみ》の土方歳三《ひじかたとしぞう》や井上源三郎《いのうえげんざぶろう》が生まれた土地です。実家の近くには、彼らが若いころ、天然理心流《てんねんりしんりゅう》という剣術を修業した道場のある佐藤家も残っています。

日野の古い民は、明治維新の逆賊《ぎゃくぞく》でした。映画の『鞍馬天狗《くらまてんぐ》』では、ショッカー戦闘員よろしく、鞍馬天狗にバッタバッタと斬られるのが新選組。要は娯楽映画の悪役です。

その末裔《まつえい》が私たちでした。なんとなく街に活気がないのは、きっとそのせいだろうと感じていました。

ところが私が小学生になるころ、価値観の大転換が起こります。

司馬遼《しばりょう》太郎《たろう》さんの小説『燃えよ剣』と『新選組血風録』が1964年に相次いで刊行されたのです。

『新選組血風録』が1965年に、『燃えよ剣』が1970年にテレビドラマ化され、大ヒットしました。

両作品とも主役である土方歳三を栗塚旭《くりづかあさひ》さんが演じたドラマを通じて、日本中で新選組ブームが巻き起こります。

悪役からヒーローへ。日野の民は、約100年ぶりに名誉を回復しました。

全ては司馬遼太郎さんの小説と、映像の力によるものです。

創作によって価値観までもが書き換えられる。それを肌身に感じて育った私は、幼いころからメディアミックスの力を信じるようになりました。

「おたく第一世代」の特徴として、「家にテレビが来た瞬間を覚えている」というのがあります。

我が家の場合は1963年。私が幼稚園の時でした。

この年の1月、日本初のテレビアニメ『鉄腕アトム』の放送がフジテレビで始まりました。

『アトム』を視たかった私は、親に頼み込んでテレビを買ってもらいました。家に来たテレビのスイッチを入れ、チャンネルを回した手の感触を、今でも思い出します。

手塚治虫《てづかおさむ》さん原作の『鉄腕アトム』は、1話完結のアニメです。毎回バラエティに富んだストーリーが魅力でした。

特に好きだったエピソードは、ロボット同士が戦う「地上最大のロボット」（「前編」第116話&「後編」第117話：1965年4月24日&5月1日）や、「ロボイド」（第126話：1965年7月17日）です。

「ロボイド」に登場する、ボックスというロボットが変形してミサイルになる機構や、シラノというロボットが鼻にアタッチメントでいろいろな装備を付け替えるギミックが好きでした。こうしたところは子供独特の「変身」に対する憧れなのかもしれません。

アニメで気に入ったエピソードは、マンガを買ってもらいました。普通の人とは逆で、アニメの追体験としてマンガを楽しんでいました。

原作では「電光人間」「赤いネコ」のようなペーソスのある作品や、「ゲルニカ」のようなトンチの効いた作品が好きでした。

『アトム』の放送開始には間に合いませんでしたが、10月にフジテレビでスタートした『鉄人28号』は頭から視ています。巨大ロボット物の元祖ですね。

鉄人はアトムのような自立思考型のロボットではなく、主人公の金田正太郎《かねだしょうたろう》少年がリモコンを使って操縦する人型兵器です。旧日本軍が開発し、前身として26号や27号が存在するという設定に、興奮しました。リモコンが敵の手に渡ると鉄人が悪の手先になってしまう、というのもスリルのある展開でした。

オープニングのファーストカットで鉄人の姿を映さずに、鉄人の影だけが道路に映って雄叫《おたけ》びを上げるカットに惚れ惚れしました。

アニメの『鉄人28号』の前半は面白かったのですが、おそらく原作のストックが切れたのでしょうか。途中から急にストーリーに張りがなくなって、つまらなく感じたのを覚えています。

こちらも好きなエピソードは横山光輝《よこやまみつてる》さんの原作マンガで追体験しました。

『鉄人28号』は、鉄人が活躍して悪を倒すというような単純な作品ではないんですよね。主人公の正太郎は少年探偵で、悪者との知恵比べや、推理ものの要素があります。悪者同士もお互いを利用し合ったり、複雑なドラマがあるのがいいんです。独立したエピソードでありながら、ストーリーに連続性がある「連作短編」のような構成でした。

特に好きだったのは「超人間ケリーの巻」です。強敵ロボット「ギルバート」を倒すために、別のエピソードの敵で、鹵獲《ろかく》されて警視庁の倉庫に眠っていた怪ロボット「ブラックオックス」を出動させて、相打ちに持ち込むんです。

ロボットを道具として扱って、詰将棋のように敵を追い詰めてゆく。正太郎と警察がけっこう非情な作戦に出るのですが、それを受け止める敵役ケリーとジョンソンの兄弟のドラマも泣かせます。

敵側のキャラを味方につけて戦うというアイデアは、後の「少年ジャンプ」的なもののはしりだったんじゃないでしょうか。子供心にグッとくる展開でした。

同じ63年の11月からTBSで『エイトマン』が始まります。

死んだ人間のパーソナリティを電子頭脳に移植したサイボーグ的なロボットで、高速移動と変身能力が特徴です。

原作の桑田次郎《くわたじろう》さんの絵が大人っぽくて好きでした。この作品で自分のなかで芽生えた感情が、イタセクスアリスというか、恋心です。

『エイトマン』は人間態の時は東八郎《あずまはちろう》と名乗り、私立探偵をしています。その助手がヒロインの関《せき》サチ子《こ》です。最初にアニメで好きになった女性キャラクターでした。

第8話「超小型ミサイル」では、エイトマンが敵の短針ミサイルで倒され、記憶喪失になってしまいます。エイトマンが自分の記憶を頼りに、なぜかサチ子さんに変身してしまう。それで悪党に、エイトマンの正体はあの女の子だと誤解されてしまうんです。その倒錯した描写に魅力を覚えました。

『エイトマン』の特徴は弱いことですね。超小型原子炉で動いているので、定期的にタバコに模した冷却材を吸わないと、原子炉が暴走してしまう。体が強化プラスチック製なので、熱に弱いなど、弱点が多かった。

それでも「弾丸《タマ》よりも速い」というから秒速700メートル以上でしょうか、高速移動能力は魅力的でした。子供は「速いもの」に魅かれますから。

シナリオに平井和正《ひらいかずまさ》さんらが参加しているので、SF性や文芸面もよかったです。

こうして私は3大ロボットアニメに魅了された幼稚園時代を過ごします。

同じロボットでも、自立思考型、リモコン操縦型、人間の人格移植型と違いがあり、物語のバリエーションの楽しさを学べたのが「おたく第一世代」の財産です。

3大ロボットアニメ以外にも、続々とテレビアニメが作られて、毎日テレビの前に釘付けになっていました。『レインボー戦隊ロビン』『ビッグX《エックス》』『宇宙少年ソラン』『遊星少年パピイ』『遊星仮面』『狼少年ケン』など、幼稚園から小学校低学年にかけて放映されたテレビアニメはほとんど全話視ています。『魔法使いサリー』に始まる女の子向けの魔法少女ものも例外ではありません。

テレビアニメと並行して、当時の子供に人気だったのがNHKの人形劇です。『チロリン村とくるみの木』『ひょっこりひょうたん島』『空中都市008《ゼロゼロエイト》』からずっと、中学生時代の『新八犬伝』まで視続けました。

他にはアメリカのテレビドラマですね。『スーパーマン』『バットマン』のようなヒーローものから、『ザ・ルーシー・ショー』『奥さまは魔女』のようなシットコム。『わんぱくフリッパー』や『名犬ラッシー』のような動物もの。『リップコード』『コンバット!』のような戦争物……。

幼稚園から小学校時代まで、これらのアメリカドラマは地上波で普通に放送されていました。日本のテレビ番組のコンテンツがまだまだ少なく、アメリカから輸入していたのですね。

実写だけでなく、ハンナ・バーベラ・プロダクションなどのアメリカ製アニメも毎日放送されていました。幼稚園の時『ポパイ』に憧れて、ほうれん草の缶詰めを買ってもらって食べたのですが、あまりのまずさに悶絶したのもいい思い出です。

子ども心には、アニメも人形劇もアメリカドラマも、全て「同じカテゴリーの娯楽」でした。最近では氷川竜介《ひかわりゅうすけ》さんにより、こうしたものの総称として「テレビまんが」という言い方が見直され、再評価の対象になっています。もともとは蔑称《べっしょう》のニュアンスのある言葉だったのですが、こうした見直しが図られるのも、私たちの世代が価値観を変えられる立場になったからでしょう。

「おたく第一世代」にとって、これらの「テレビまんが」の波をいっぺんに被ったことが、精神形成に重要な要素になっているような気がします。

池田憲章《いけだのりあき》さん、岩井田雅行《いわいだまさゆき》さんといった編集業界の先輩方は、アメリカドラマや洋画への傾斜が激しく、知識も圧倒的に豊富です。これは生まれた年代が彼らの方が数年早かったことに起因しているのでしょう。

私たちから数年後に生まれた世代は「生まれた時から家にテレビがあった」世代です。テレビ番組に対する接し方も微妙に違うような気がします。

私のような年代には「ミレニアル世代」と「Z世代」の違いは微妙過ぎて分かりませんが、それぞれの世代にとっては「生まれた時からインターネットがある」とか、「生まれた時からSNSがある」というのは、大きな違いであるのは間違いありません。

「あなたが一番最初に観た映画を覚えていますか?」と聞かれたら、明確に答えられます。1963年の正月に公開された『太平洋の翼』という戦記物です。3歳か4歳の時ですね。

練馬に母方の祖父母や母のきょうだいが暮らす家があり、そこに滞在した際に、叔父と池袋の映画館で観たものだと思います。当時の池袋は路上にまだ傷痍《しょうい》軍人《ぐんじん》がいたりして、子供にとってはちょっと怖い街でした。

『太平洋の翼』で紫《し》電改《でんかい》が海の上を飛ぶ特撮カットは、いまだに記憶に残っています。この映画で初めて円谷《つぶらや》英二《えいじ》さんの名前を知りました。私が最初に覚えた映画人です。

その円谷さんが特技監督を務めたのが『ゴジラ』シリーズです。幼稚園の行き帰りはひとりでバスに乗り隣町に通っていましたが、その時に『モスラ対ゴジラ』のポスターが見えるんです。1964年の4月ごろのことですね。怪獣のかっこよさに強く惹かれて、

「映画館で観たい」

と親にせがんだのですが、連れて行ってもらえませんでした。

それでも執念深くせがみ続け、年末の『三大怪獣　地球最大の決戦』は父親が折れて、立川の映画館に連れて行ってくれました。

興奮のあまり、家に帰ってから熱を出して寝込んだくらい強烈な体験でした。

キングギドラの鱗のアップから始まるタイトルバックのカット割りなど、大人になって見返すまで、ずっと覚えていました。

ここまで読まれて、幼児なのにそんなに記憶が鮮明なのか、と疑問を持たれる方もいるかもしれません。どういうわけか、私は子供のころに観た映像にまつわる記憶が鮮明なのです。

人生の最初の記憶は、1歳になる前でしょうか。母方の祖父の前で、同い年のいとこともに這い這いをしている時のもの。

「自分の方が上手に這い這いできるぞ」

とライバル心をかき立てられて、がんばろうとしたことをよく覚えています。

齢を重ねるにしたがって記憶力が減退し、最近では物忘れが激しくなってしまったのは、自分でも残念です。

話を戻します。円谷英二さんが作り出した怪獣と特撮映画の魅力に取りつかれた私にとって、画期的な出来事が起こるのです。

『ウルトラ』シリーズの放映スタートです。

2・『ウルトラシリーズ』が始まった

1966年1月2日、『ウルトラシリーズ』第1作『ウルトラQ』が始まりました。

映画館に行かなくても毎週怪獣や特撮が視られる。当時小学校1年生だった私は狂喜乱舞。今でいう「正座待機」の状態で第1話「ゴメスを倒せ!」を視ました。

『ウルトラQ』を放送するTBSはそうとう力が入っており、前年の年末からウィークデイの午前中に、毎日『ウルトラQ』の番宣番組を放送していました。ちょうど冬休み。子供は毎日視るので、期待度が高まります。

人語を話せるとは思えない怪獣パゴスが、なぜか小学生の男女2人に『ウルトラQ』の見どころを解説します。インサートされる映像に「鳥を見た」（第12話：3月20日）が使われているのは、円谷英二さん自身が演出に関わったシークエンスだからでしょう（実際に素晴らしい出来）。

この番宣番組の映像が残っていないからでしょうか、

「TBSはこの番組に期待していなかった」

という記事を最近読みました。放送予定が決まらないまま全話制作が終了し、制作順と放送順を変更するなど、局から注文が入ったことを指しているのかもしれませんが、当時の子供としては、

「そんなことはなかった。毎日番宣番組があり、期待度は高かった」

と断言できます。

『ウルトラQ』は1話完結で、毎回違うテイストが魅力でした。ペギラやガラモンなどの怪獣が主役のエピソードでも、きちんとSFマインドを刺激する設定があります。怪獣が出てこない回も、楽しく視ていました。

今でも好きなのは、「クモ男爵」（第9話：2月27日）、「地底超特急西へ」（第10話：3月6日）「バルンガ」（第11話：3月13日）「鳥を見た」（前出）、「2020年の挑戦」（第19話：5月8日）などで

す。やはりSF性やファンタジー性の高いエピソードですね。というより、自分にとってのSFの入り口になったのが『Q』なのかもしれません。

　この年の4月には、多摩テックという遊園地で「ウルトラQ大会」と銘打たれた日本初の怪獣ショーがありました。家が近くだったので、父方の叔父に連れて行ってもらいました。司会は「カバゴン」のニックネームで子供たちに人気だった教育者・作家の阿部進《あべすすむ》さん。テレビの有名人を初めて生で見ました。

　目の前を撮影で使われた着ぐるみが闊歩《かっぽ》するだけでうれしい気持ちが広がります。それだけではあきたらず、ステージの裏に回ってペギラの着ぐるみが転がっているのを盗み見たり。子供にとっては忘れられない「冒険」でした。

　そうそう。このころ、私にとって画期的な出来事がありました。

　私の家では祖父母が厳しく、いくら頼んでも『怪獣図鑑』を買ってくれなかったのです。ところがある日、朝日新聞に「浩宮様《ひろのみや》も怪獣ファン」という記事が出ました。浩宮様が書店の店頭で『怪獣図鑑』を購入する写真が掲載されています。浩宮様（今上天皇）と私はちょうど1歳違いです。

「浩宮様が買うものなら仕方がない」

と祖父母も怪獣図鑑の購入に許可を出してくれました。

実家は、戦後になっても天皇陛下の写真を鴨居に飾っていたような家でした。浩宮様のおかげで『怪獣図鑑』を手に入れられたのです。図鑑を舐めるように読んでいるうちに、書籍の構造に興味が湧きました。将来の編集者への道が開けたと言っても過言ではありません。

そうしたわけで、今上天皇には密かに感謝の念を持ち続けています。


『ウルトラQ』が終了し、杉並公会堂での公開収録の特番を1週挟んで、7月17日にいよいよ『ウルトラマン』の放送が始まりました。

13日前の月曜日の夜には、手塚治虫原作『マグマ大使』の放送もフジテレビで始まっています。怪獣ファン、特撮ファンにとって夢のような日々の始まりです。

『ウルトラマン』は好きなエピソードだらけです。ジャミラ（第23話「故郷は地球」：1966年12月18日）、シーボーズ（第35話「怪獣墓場」：1967年3月12日）という実相寺《じっそうじ》昭雄《あきお》監督作品。バルタン星人（第2話「侵略者を撃て」：1966年7月24日）、ネロンガ（第3話「科特隊出撃せよ」：1966年7月31日）などの飯島敏宏《いいじまとしひろ》監督作品。ゴモラ（第26話「怪獣殿下 前編」：1967年1月8日、27話「怪獣殿下 後編」：1月15日）などの円谷《つぶらや》一《はじめ》作品……。

上の世代である押井守監督は当時高校生になっていて、「『ウルトラQ』と比べると内容が怪獣プロレスになってしまったと白けてしまった」と著書に書かれていましたが、これは世代の差でしょうね。小学校2年生の私は手からスペシウム光線が出るという設定だけでときめいていました。

『ウルトラセブン』は『ウルトラマン』のすぐ後に始まったのではなく、間に半年ほど東映《とうえい》が『宇宙特撮シリーズ』として製作した『キャプテンウルトラ』を挟んでいます。冨田勲《とみたいさお》さんのオープニングテーマや、分離合体する主役宇宙船のシュピーゲル号が好きでした。

中学生になってから、元ネタになったエドモンド・ハミルトンのSF小説『キャプテン・フューチャー』に出会って親近感を持って読みました。そういう逆説的な楽しみ方も、成長するにつれて多くなっていきます。

さて、『ウルトラセブン』。1967年10月1日から放送が開始されました。視ている方も1年で成長しますが、制作者も成長するんだな、というのを感じた作品です。何といってもウルトラ警備隊が使用するウルトラホークやポインターなどの超兵器が魅力的でした。

『ウルトラセブン』は地球が星間戦争のただなかにある時代。侵略テーマなんです。主人公が所属するウルトラ警備隊も、地球防衛軍極東基地のエリート部隊という設定で、『ウルトラマン』に比べると組織の規模が桁違いに大きくなっている。

ストーリーも進化しています。主人公モロボシ・ダンは異星人であるウルトラセブンが変身した人間態です。地球を守りながらも、時としてそれぞれの正義を主張する宇宙人や、もともとの地球の先住民で現在の地球人に海底に追いやられたというノンマルトの言葉に動揺することも。武力の対決だけでなく、時に相互理解によって事態を解決しようとする姿勢も見せました。

こうした志の高い設定が、今でも高い人気を保っている秘密でしょう。

この少し前に放送された、英国の「21世紀プロ（センチュリー21プロダクション）」が製作した『海底大戦争　スティングレイ』（1964年10月4日）『サンダーバード』（1965年9月30日）も見逃せません。人形劇でありながら、洗練されたメカニック特撮描写は『ウルトラセブン』をはじめ円谷プロ作品に大きな影響を与えました。

国際救助隊の活躍を描いた『サンダーバード』を経て製作された『キャプテン・スカーレット』（1967年9月28日）も、世界観をより広範にしたという点で、『ウルトラセブン』に重なる部分があります。

21世紀プロにとっての『サンダーバード』が円谷プロにとっての『ウルトラマン』で、『キャプテン・スカーレット』が『ウルトラセブン』に相当するというか。スタッフの成長が、そのまま作風に反映されています。『ウルトラセブン』が『ウルトラマン』ほど視聴率が取れなかった、すなわち一般受けしなかったものの、通のファンに支持されて後世の評価が高いところも、『サンダーバード』と『キャプテン・スカーレット』の関係に似ています。


円谷プロのその後の作品、『マイティジャック』（1968年4月6日）、『怪奇大作戦』（1968年9月15日）も熱心に視ていました。『マイティジャック』は空を飛ぶ万能戦艦を主役メカにした大人向けの1時間番組で、こちらはフジテレビで放送されました。メカとスパイものを掛け合わせるというコンセプトが面白くて、自分で小説を書こうと思い立ちました。小学校4年生にはハードルが高く、冒頭のみ書いて挫折しましたが。

今から思い返すと、このころからメディアミックスに興味を持っていたのかもしれません。

『ウルトラマン』シリーズはその後中断しますが、1971年4月2日から放送された『帰ってきたウルトラマン』で復活します。

『ウルトラマン』や『ウルトラセブン』が劇中で「未来」を描こうとしていたのに、この作品では「現代」を描いていて、中1の自分としてはがっかりしました。でも、大人になってから見返すと、いいエピソードがたくさんあって、大好きなシリーズに変化しました。

続く『ウルトラマンエース』(1972年4月7日)、『ウルトラマンタロウ』(1973年4月6日)、『ウルトラマンレオ』(1974年4月12日)も立て続けに視ていました。

このころ『ウルトラマン』シリーズを視ていて気が付いたことがあります。自分の未来予測が的中することです。

元はと言えば小学校1年生の時。映画『大怪獣ガメラ』(1965年11月27日)を観た時のこと。映画の最後でガメラは「Z計画」の巨大なカプセルに閉じ込められて、ロケットで宇宙に追放されます。映画を観終わった私は、ロケットに隕石がぶつかって、解放されたガメラが地球に戻ってくるところから続編が始まるだろうと予測し、事実その通りになりました。

『帰ってきたウルトラマン』の防衛隊のMAT基地が海底基地だったので、次の番組の基地は地下だろう。翌年になってその予想が当たると、次は都心にあるだろう。またそれも当たって、では次は衛星軌道だな、と。

ウルトラマンのキャラについても、『エース』でウルトラの父が出ることを知ると、きっと他のウルトラマンとの差別化で角を付けるだろう、と考えました。見事に当たって、それなら後番組の新しいウルトラマンは父の息子という設定で、角の生えたウルトラマン、それに今はセブンが一番人気なので身体の色は赤だな、などと考えたことが全て現実になりました。

「大人の考えることぐらい、すぐに分かるよ」

なんて思い上がっている、嫌な子供だったたと思います。

これがテストの出題予測に結び付けば楽なのですが、そちらの方はさっぱりでした。どうも私の未来予測能力は、おたく領域に限定されるようです。しかしこれが、後年アニメ雑誌の編集者になった時に大いに役に立ちました。

3・『仮面ライダー』と石ノ森章太郎作品

『ウルトラ』シリーズ以外に私の心を摑んだものに『仮面ライダー』シリーズがあります。

1971年4月3日から始まった『仮面ライダー』は当初『怪奇シリーズ』と銘打たれていたこともあり、けっこう暗いムードの作品でした。（話の内容もですが、ナイトシーンが物理的に暗かった）

この時代は前年に「よど号ハイジャック事件」や「三島由紀夫《みしまゆきお》の割腹自殺」、翌年に「連合赤軍あさま山荘事件」などがあり、混迷を極める世相だったのも、影響しているのかもしれません。そんななかで1970年大阪万国博覧会が開かれているのですから、ある意味起伏の激しい時代ですね。

中学生になったばかりでしたので、ライダー以外にも、女性キャラクターに興味を持って視ていました。主人公・本郷猛《ほんごうたけし》（演：藤岡弘《ふじおかひろし》）の相手役である緑川《みどりかわ》ルリ子《こ》（演：真樹千恵子《まきちえこ》）だけでなく、その友人・野原《のはら》ひろみ（演：島田陽子《しまだようこ》）が輝くばかりに美しい。

本郷猛役の藤岡弘さんが怪我で番組を離脱するのですが、起死回生のアイデアとして第14話「魔人サボテグロンの襲来」から、佐々木《ささき》剛《たけし》さん演じる仮面ライダー2号が登場。それと同時に、ひろみの友人たちが多数登場して、ライダーガールズができあがります。

番組が危機を迎えるなかで、脚本家の伊上勝《いがみまさる》さんやプロデューサーの平山亨《ひらやまとおる》さん、阿部《あべ》征司《せいじ》さんが惜しげもなく自分たちの得意技を投入するんですね。そのひとつが、ライダーガールズです。阿部プロデューサーは直前にガールズアクション番組の『プレイガール』を担当していたので、集団女性アクションのノウハウを持っていたのです。

2号ライダー編では、野原ひろみに加えて、マリ（演：山本《やまもと》リンダ）、ユリ（演：沖《おき》わか子《こ》）らが参戦。途中で何人かが入れ替わり、本郷猛が完全復帰した1972年4月1日からの新1号編の途中69話から、ユリに加えてヨッコ（演：中田喜子《なかだ よしこ》）、チョコ（演：ミミー）の3人で最終メンバーになります。ライダーガールズは、後に有名になる女性俳優や女性タレントの登竜門的な機能を果たしたのですね。

もちろん女性キャラクターだけが目当てだったのではありません。『仮面ライダー』の魅力は、俳優陣とスタントマンの体を張ったアクションです。令和の世では認められないような命がけのスタントが行われ、文字通り手に汗握るシーンが続出しました。数え上げればきりがありませんが、第71話「怪人アブゴメス六甲山大ついせき！」（1972年8月5日）で本郷猛がロープウエイに手だけでぶら下がるシーンや、続編である『仮面ライダーV3』（1973年2月17日）の第4話「V3の26の秘密!?」（1973年3月16日）でV3が手すりも何もない煙突の上に立つシーンなどは、現在でも語り草になっています。

1970年代の特撮ドラマは、石ノ森章太郎《いしのもりしょうたろう》原作が席捲していました。『仮面ライダー』のヒットを受けて、同じ東映製作の『変身忍者嵐』(1972年4月7日)、『人造人間キカイダー』(1972年7月8日)、『ロボット刑事』(1973年4月5日)、『イナズマン』(1973年10月2日)などなど、書き始めたら誌面が足りません。『秘密戦隊ゴレンジャー』(1975年4月5日)のように、現在も『スーパー戦隊』シリーズとして続いているものもあります。

特に『人造人間キカイダー』には思い入れがありました。主人公であるアンドロイドのジローが、己の存在意義に悩みながら戦うというストーリーが、思春期だった自分の心情とシンクロしたのでしょう。

善の心を司る「良心回路」が不完全なジローは、キカイダーに変身後も右半身は完全体の青色。左半身が完全体になれず、内部の機械を剝き出しにしたままの赤色という、アンバランスな姿で戦わなければなりません。作品のテーマを、主人公キャラクターのデザインそのものに落とし込める石ノ森さんの天才ぶりには、舌を巻くしかありません。

後年、NHK-BSの特番『石ノ森章太郎の世界』(1997年)に解説者として出演した

際に、初めて石ノ森章太郎さんと話す機会を得ました。その時、

「キカイダーが好きなんだよ。いつか映画化したいんだよね」

と言われました。石ノ森章太郎さんはその翌年亡くなってしまいます。その言葉が遺言のようで、ずっと気になっていました。後年、東映の白倉伸一郎《しらくらしんいちろう》さんにその話をしたところ乗ってくれて、２０１４年公開の映画『キカイダーREBOOT』につながりました。

石ノ森さんは特撮番組の原作で有名ですが、70年代以前は前衛的な表現の数々をなしとげた偉大なマンガ家でした。

代表作の『サイボーグ００９』は、練馬の祖父の家で「地下帝国〝ヨミ〟編」の最終話を読んだのが最初の出会いです。１９６７年春のころだったと思います。叔父が持ち帰った「週刊少年マガジン」を、たまたま読んだのです。

００９と００２が大気圏外から地球に落ちていき、燃え尽きる寸前００２が、

「ジョー！　きみは　どこにおちたい？」

とたずねる伝説的なシークエンス。最初に読んだのが最高の場面だったのは、まさに運命的出会いです。高校生になってから過去に遡って全てのシリーズを読みました。

以来、石ノ森章太郎作品には愛着があり、2006年に『石ノ森章太郎萬画大全集』を角川書店で刊行したほどです。

総ページ12万8000ページ。全770作品。64万4800円。完全受注生産です。刊行時には「世界萬画文化遺産」と銘打ちました。（萬画は石ノ森さんの造語）刊行時には新聞に一面広告を打つなど、PRに励みました。それでも刊行後に、「刊行を知らなかった。何とか手に入らないか」という声が多数寄せられたのには参りました。今ならインターネットやSNSで緻密なキャンペーンができたでしょうに、時代はまだその前夜でした。

しかし、おかげさまでこの全集は、「世界で最もたくさんマンガを描いた作家の全集」として、ギネスブックに登録されました。おそらくこの記録が破られることはないでしょう。

4・青春ドラマと演劇と少女マンガ

アニメや特撮以外にハマったものを紹介します。

まずはNTV系の青春ドラマシリーズです。

毎週日曜日の夜に放送されていたのですが、私はこれを夕方の再放送で視ていました。

ウィークデイは毎日16時から再放送があったのです。

1965年放送の夏木《なつき》陽介《ようすけ》さん主演の『青春とはなんだ』（ワオ！　石原慎太郎原作だ！）を皮切りに、竜　雷太《りゅうらいた》さん主演『これが青春だ』（1966年）、『でっかい青春』（1967年）、浜畑賢吉《はまはたけんきち》さん主演『進め！青春』（1968年）などが連続して放送されました。

私はこれを小学校から帰ってきてすぐに、おやつを食べながら視るのが日課でした。高校生の学校生活やスポーツ部の日常が描かれるのですが、ちょっと背伸びした気分で視ていたのを思い出します。

この青春シリーズが発展したと言っていいのでしょうか。私の高校時代にスタートしたのが『俺たち』シリーズです。

1975年10月5日ですから、私が高校2年生の時。日曜日夜にスタートした『俺たちの旅』に一瞬で心を持っていかれました。

三流大学に通うカースケ（演：中村雅俊《なかむらまさとし》）とオメダ（演：田中健《たなかけん》）、そして先輩格のグズ六（演：津坂《つさか》まさあき）の3人組が主人公。彼らが毎回、青春のほろ苦い体験をする、泣き笑いの物語です。

毎回ラストシーンに青春に対する格言のようなテロップが流れ、いちいち心に響きました。

煮え切らない青春を送っているカースケたちの姿は、未来を見通せない高校生である自分の写し鏡に見えました。

いつもは同じ時間にNHKの大河ドラマを視ている私ですが、たまたまチャンネルを合わせた第1話で、ヒロイン・洋子《ようこ》役の金沢碧《かなざわみどり》さんがバストトップを出したのには驚きました。金沢さんと言えば、当時の青春スターです。これは凄い！　と思って視始めたのですが、そんな邪《よこしま》な気分が吹っ飛ぶくらい素敵なドラマだったのです。

『俺たちの旅』放送の翌日の月曜日には、クラスメイトとその内容について語り合うのがルーティンとなりました。

『俺たちの旅』は吉祥寺のアパートに住む住人たちの生活を描き、続く『俺たちの朝』（1976年10月17日）では鎌倉でシェアハウスをする若者たちを描きました。ドラマで描かれるライフスタイルに憧れた同世代の人も多いでしょう。

シリーズ最終作『俺たちの祭』（1977年11月20日）は、中村雅俊さんが演劇青年を演じたドラマです。演劇というキーワードが、心に響きました。

実は高校に入って、演劇部に所属していたのです。ところが、男子はいつの間にか私ひとりになってしまい、公演の度に級友にゲスト出演を頼むのがたいへんでした。

そんななかで寺山修《てらやましゅう》司《じ》さんに出会います。宇野亜喜良《うのあきら》さんや合田佐和子《ごうださわこ》さんが好きでしたので、彼らの絵がよく載っている「ペーパームーン」という雑誌を愛読していました。そこで寺山さんの存在を知りました。寺山さんの詩や戯曲に魅了されていきます。

寺山修司さんは多才な人でしたが、何と言っても劇団「天井 桟敷《てんじょうさじき》」の主宰者として有名です。従来の演劇の枠を超えて、街中で劇を始めたり、一般人を巻き込んだりと、アバンギャルドな活動で話題を集めていました。

渋谷桜丘にあった「天井桟敷」の常打ち劇場、渋谷エピキュラスに通い詰めました。2階建ての小さな劇場で、フロアの後ろ側にある螺旋階段の上から舞台を観るのが好きでした。時に役者が私たち観客に絡んでくることもあり、毎回刺激的な体験でした。

大きな公演は渋谷のPARCO劇場で行われます。『中国の不思議な役人』や『青ひげ公の城』などを観ました。一度だけPARCO劇場の通路で寺山さんとすれ違いました。ものすごく興奮したのを覚えています。

寺山の演劇に付き物なのがJ・A・シーザーさんの楽曲です。アニメファンには『少女革命ウテナ』（1997年4月2日）の音楽を担当した人、と言えば通りがいいでしょう。

遠い未来に、寺山修司さんの多くの著作が刊行されている角川文庫に関わることになるのも、運命めいたものを感じます。

こうして書き進めてゆくと、私が夢中になるものには、何となく連続性があることに気が付きました。

寺山さんが好きな人は、1970年代当時の少女マンガが好きだった人も多いはずです。妹が「少女コミック」を買っていたので、萩尾望都《はぎおもと》さん、竹宮惠子《たけみやけいこ》さん、大島弓子《おおしまゆみこ》さんら昭和24年組のマンガは早くから読んでいました。日本のマンガ界に革新が起きている過程をリアルタイムで体感したのです。

大島さんのマンガは読むたびに心を癒されました。2008年に犬童一心《いぬどういっしん》監督が『グーグーだって猫である』を映画化した時には、出版社社長役（ようするに自分の役）で出演させていただいています。

竹宮さんは『空が好き!』のエスプリが効いた作風に魅かれました。『ファラオの墓』『風と木の詩《うた》』もいいですが、個人的には『変奏曲』シリーズが一番好きです。今でいうなら、海外の長編ドラマを視ているような感覚で読んでいました。

萩尾さんはSF短編で数々の名作をものにしています。石ノ森章太郎さんの影響を感じますが、コマ割りなど独自の工夫があり、マンガが新しい表現を獲得しているのだな、と感じていました。特に『ポーの一族』にはドはまりしました。主人公のエドガーは14歳で時が止まったバンパイアの少年。読んでいた時の私の年齢と一緒なんです。大人になるのが嫌な時期で、15歳の誕生日を迎える前に死んだほうがいいんじゃないか、なんて考えたこともありました。もちろん死ねるはずもなく、のうのうと生きていましたが。

そのくらい中二病心を刺激した作品です。

昭和24年組ではありませんが、私のなかでは楳図《うめず》かずおさんも少女マンガのカテゴリーでとらえているマンガ家です。最初に読んだのが『へび少女』だったからでしょうか。楳図作品では『おろち』がマイ・フェバリットです。

青春ドラマに話を戻します。前出の『俺たちの祭』には、高校時代の同級生がレギュラー出演していました。劇団員のひとりを演じた棟里佳《とうりか》さんです。他校の男子生徒が見学に来るほど、在学中から美少女として有名でした。自分の身近にいる人間が、もう社会で活躍している。テレビのなかの彼女を視て、焦りの気持ちが湧きました。棟さんは、『ウルトラマン80』（1980年4月2日）第44話「激ファイト！80VSウルトラセブン」（1981年2月11日）で、妄想ウルトラセブンを生み出してしまう少年の姉役でゲストヒロインを演じていますので、特撮ファンのなかには知っている人も多いでしょう。

5・好きなものを否定されたくない

小学生から高校生まで、好きだったものを並べてみました。

「おたく第一世代」のテレビっ子がどんなものを視て育ったのか、おおむねご理解いただけたかと思います。

紹介したもの以外にも、『NHK少年ドラマシリーズ』『NHK大河ドラマ』『天下御免』『木枯し紋次郎』『必殺シリーズ』『木下恵介《きのしたけいすけ》アワー』などのテレビドラマ。『インベーダー』や『謎の円盤UFO』などの海外ドラマ。『マジンガーZ』『デビルマン』などの永井豪《ながいごう》原作アニメや『新造人間キャシャーン』などのタツノコアニメ。白土三平《しらとさんぺい》さんや池上遼一《いけがみりょういち》さんのマンガなどを網羅的に視たり読んだりして育ちました。

その過程で、自分の好きなものが否定されることを許せなくなる自意識が育っていきました。

小学校4学年の時、夏休みの読書感想文の題材にエドガー・アラン・ポーの『落とし穴と振り子』を選んだ時に、母親からひどく否定されたのです。ポーが書くような作品は、物語ではないので、感想文に書いてはダメだと言うのです。それが許せなくて、泣きながら抵抗しました。

中学校時代、読書感想文の題材で、SFやミステリ（当時は推理小説と言われていました）はダメだ、と先生から言われた時も、同じように憤りました。人間を描いていないから物語として認められない、という理屈です。なぜ人間を描かないといけないのか、まったく理解できませんでした。面白ければいいではありませんか。そもそもSFやミステリが、人間を描いていない、と決めつけられるのも嫌でした。

高校2年の時は、マンガを否定する国語教師のS先生と、往復書簡を交わして論争しました。マンガをテーマにした作文を書いた私に対して、否定的なコメントを返してきたので、それに反論する手紙を出したのです。S先生はそれにさらに反論する長文の手紙を送ってきました。私もまたそれに反論し、という感じで何度かやりとりしました。S先生はその後、新設校の校長になり瞬く間に進学校に育てたので、教師としては優秀だったのでしょう。マンガを否定する論調にも容赦がありませんでした。

S先生と論争したことで、世の中にはいろいろな価値観を持った人間がいるのだということを学びましたので、先生には感謝しています。

こうして少しずつ自我が形成されてゆき、将来の夢が形作られてゆくことになります。

自我といえば、自分の仕事上のアイデンティティとなったメディアミックスについて、忘れられない出来事がありました。

高校生のころでしょうか。実家の近所の書店で『原子力潜水艦シービュー号』の文庫ノベライズ版を発見しました。『原潜シービュー号～海底科学作戦』は、私が小学生のころに好きだったアメリカのSFドラマでした。シオドア・スタージョン著でレーベルは創元推理文庫です。

高校生になると、友人たちの価値観も変わります。アニメや特撮ドラマの話に乗ってくる友人は周りにいません。もともと『シービュー号』について語る人は少なく、忘れられた作品と言ってもよかったかもしれません。

それが、小説化されて目の前にある。孤独な世界で理解者に出会ったような、救われた気持ちになりました。

こうした「世間から見ると、とるにたりないもの」でも「自分にとってはとても大切なもの」であるという感覚が、私にとっては重要なのです。

解説

「テレビまんが」の時代

「テレビまんが」という言葉に多少なりとも馴染みのある読者は、おそらく本書の刊行時に45歳以上ではないかと思われる。特に、今日の10代、20代には想像することも難しいかもしれないが、かつてこの国の「社会」とは「テレビで放送していること」を共有している人々の集団のことを指していた。この章で語られているのは、その「テレビ」が社会の中心に「なっていく」時代のことだ。そして、ここで重要なのはその中でアニメや特撮ヒーロー番組、そして海外製の人形劇や低年齢向けのテレビドラマなどが娯楽性の高い「子供向け番組」として、「同じ」目線で当時の子供たちに視聴されていたということだ。この娯楽性の高い子供向け番組の総称が「テレビまんが」という言葉だったのだと思う。（そしてこの「テレビまんが」の世界が60年代から70年代にかけて拡張していった時代に子供時代を過ごした井上の世代が、思春期に70年代のアングラカルチャーに触れていった世代であることも、見過ごすことはできない。）

この言葉は、僕が子供の頃はまだかろうじて「現役」だった。そもそもあの頃、日本社会は「若かった」。

日本人の最大のボリュームゾーンは今日に至るも1947年から49年に生まれた「団塊の世代」だが、60年代末の学生運動の当事者となるこの世代は、この頃はまだ「若者」だった。そして若者の多さは、子供の多さを半ば必然的にもたらした。今では考えられないくらい、この時代は「若者」が、そして「子供」が主役だったのだ。そしてこの時期にもっとも新興の「若い」メディアとして発展していた「テレビ」はまだ荒削りの、新しい表現分野がなし崩し的に流れ込んでくる良い意味でジャンクな世界を形成していた。

この章で語られる「テレビまんが」とは、そういった混沌さがもっとも強く表れた分野だったようにも思う。そして重要なのはこの黎明期のテレビアニメや、特撮ヒーロー番組、そして内外（というか、日本とアメリカ）のテレビドラマや人形劇などが同じ目線（「テレビまんが」）で「観られていた」という事実だ。この越境的な目線が、おたく第一世代の感性を育み、この感性がやがて、80年代以降のおたく的な想像力のベースになっていく。そこには結果的に発生した、ジャンル越境的な場所がたしかに存在した。それは表現の分野的にも、出身国的にもハイブリッドなものだったのだ。

2016年に庵野《あんの》秀明《ひであき》監督の『シン・ゴジラ』が公開されたとき、若いライターが「これはロボットの出ない『エヴァンゲリオン』だ」と発言していてびっくりした記憶がある。逆なのだ。『シン・ゴジラ』が『エヴァ』に似ているのではなく、そもそもの『エヴァンゲリオン』という作品が特撮の血を色濃く受け継いだものなのだ。1978年生まれの僕は、かろうじて「テレビまんが」という感覚を有している。そのために『エヴァ』から「特撮」の匂いを感じることができる。しかし、この感覚はおそらく80年代半ば生まれくらいの世代から、決定的に失われている。たとえば僕が中学生の頃（1991年－94年）は、「平成ガメラ」シリーズや、「平成ウルトラマン」シリーズが世に問われる直前のタイミングで、少なくとも僕の暮らしていた地方都市では「特撮」の地位はとても低く、マンガやアニメやゲームの好きな「オタク」たちの間でも、未就学児童の観るものとして軽蔑されることが少なくなかった。おそらく少女マンガも、この時期の「少年」たちに読まれることは今よりもずっと稀で、ごく一部のマニアに限られていた。

これは、現代においては逆にわかりにくい感性のように思う。つまり、60年代－70年代に結果的に発生していた「テレビまんが」のジャンル越境的で、ハイブリッドな想像力は、80年代後半には一度、少なくとも子供たちの世界では大きく後退し、それが団塊ジュニア世代（1971－74年生まれ）やそのすぐ下の世代（僕と同世代）の感性に影響を与えているのだ。（今思うと、まったく意味がわからないのだけれど、僕がものを書き始めたころ。〈2000年代後半〉、テレビドラマや実写映画を批評の素材に選ぶことで、マンガやアニメ、ゲームを「主食」とする同世代の「オタク」たちから敵視された……という苦い記憶もある。）

しかしかつての「おたく」的な文化とは、正確には「おたく／オタク」と後に呼ばれる感性のベースにあった「テレビまんが」とは、今となっては驚くほどに雑食的で、越境的で、ハイブリッドなものだったのだ。それは当然、意識を高くもって導入されたものではなく、発展期のテレビという若く、雑な世界が結果的に受け入れてしまった状況の産物にすぎない。しかしだからこそ、そこに結果的に発生した感性は、強く時代の精神を刻印されることになった（なぜ、「アメリカの」テレビドラマがその中心のひとつにあったかを考えればいいだろう）。そして、「テレビまんが」の世界から、「おたく」の世界に移行するとき、何が生まれて、何が失われていくのかを、この井上の回顧録はもしかしたら本人の意図以上に克明に描き出してしまっているように思えるのだ。

1978-1984

アニメ雑誌「アニメック」の時代

1・『宇宙戦艦ヤマト』が生み『機動戦士ガンダム』が育てたアニメ雑誌

10代の半ばころ、特撮作品からアニメ作品にヘゲモニーが移ったのには明確な理由があります。

『宇宙戦艦ヤマト』（1974年10月6日）の登場です。私が高校1年生の時でした。『ヤマト』を視たのはまったくの偶然からです。日曜日の19時30分からNTV系で放送されていたのですが、裏番組がTBSは『猿の軍団』（1974年10月6日）、フジテレビが『アルプスの少女ハイジ』（1974年1月6日）というハードな時間帯でした。円谷プロ製作、原作が小松左京《こまつさきょう》さん、豊田有恒《とよたありつね》さん、田中光二《たなかこうじ》さんという錚々《そうそう》たるスタッフが参加していることから、当初は『猿の軍団』を視ていました。ところが思ったような展開にはならず、なかなかのめりこめません。なにげなくチャンネルを回したところに出会ったのが『ヤマト』でした。

なんと松本零士《まつもとれいじ》さんのキャラクターが動いているではありませんか。

松本さんは中学生時代に好きになったマンガ家でした。そのころは少年誌に描いていましたが、もともとは少女マンガでデビューした方です。繊細な線が魅力的でした。『男おいどん』や『セクサロイド』は単行本も買っていました。

最初に視た回は第8話「決死のヤマト!! 反射衛星砲撃破せよ!!」（1974年11月24日）です。冥王星の敵ガミラス要塞が放つ反射衛星砲が、光線を人工衛星に反射させて死角からヤマトを襲う兵器だった点にSFマインドを刺激されました。冥王星に氷の海があるとか、敵要塞を攻略するのに排気口から侵入するとか、それまでのテレビアニメになかったリアリティに痺れました。

高校の時は『ヤマト』の魅力を級友に布教しようとしても、ほとんどの生徒は耳を貸してくれませんでした。当時は、高校生になるとアニメは卒業するもの、という時代だったのです。

そのアニメ自体に大きな変化が訪れていることに気付いている人は、同世代のなかでもごくわずかでした。

競合番組に苦杯をなめ、本放送が打ち切りとなった『ヤマト』でしたが、テレビ局に再放送を求める投書が多数届き、夕方枠の再放送でその人気を不動のものとします。自分と同じ感性を持った仲間が、この世界にはたくさんいるのだ、とうれしくなりました。やはり分かっている人は分かっているのです。

『ヤマト』ブームを支えたのは、私と同年代の「おたく第一世代」がメーンでした。世の中の人は、20歳近くになってアニメを見続けるアニメファンの存在を、まだはっきりとは認識していませんでした。

『宇宙戦艦ヤマト』は1977年8月6日、テレビシリーズの再編集に新作パートを加えた総集編的な映画が公開されました。公開日、開場を待ちきれないファンが徹夜で並んだことでニュースになりました。一般の人々がようやく『ヤマト』を認知した日となりました。

翌1978年8月5日に続編となる劇場アニメ『さらば宇宙戦艦ヤマト　愛の戦士たち』の公開時に『ヤマト』ブームは最高潮を迎えます。映画の最後で、ヤマトは主人公・古代《こだい》進《すすむ》とヒロイン・森雪《もりゆき》とともに、敵の白色彗星に特攻し、これを道連れにして自爆します。

このまま終われば評価の高いままアニメファンの支持を維持できたでしょう。しかしプロデューサーの西崎義展《にしざきよしのぶ》さんはその後も『ヤマト』を製作し続けました。

西崎さんが言い始めた、

「ヤマトのテーマは愛」

というのも、そうじゃないだろ、という気分でした。最初のテレビシリーズを視た時、私が魅かれたのとはまったく違う航路に「ヤマト」が入ってゆく。

こうなると『ヤマト』がただの商売の道具として利用されているようで、私はすっかり白けてしまいました。実際、『さらば宇宙戦艦ヤマト　愛の戦士たち』の後は、祭りの後で葬式をやっているようなイメージでした。

『ヤマト』ブームの余波をかって、松本零士原作のアニメが続々と作られました。テレビでは『宇宙海賊キャプテンハーロック』（1978年3月14日）と『銀河鉄道999』（1978年9月14日）が相次いでヒット。『999』は劇場版第1作（1979年8月4日）、第2作『さよなら銀河鉄道999　アンドロメダ終着駅』（1981年8月1日）が公開され大ヒットを記録しました。

これがそのままアニメファンの存在を世に知らしめたのか、と言われると、私の感覚は少し違います。

この時代のムーブメントは、アニメブームというよりは、『ヤマト』『999』と続いた「松本零士」ブームだった気がします。松本零士さんへの期待感は、現在なら庵野秀明さんと新海誠《しんかいまこと》さんを足した感じ、とでも言えばいいのでしょうか。

アニメファンはともかく、世の中が知っているアニメ関係者と言えば、一に松本零士さん、二に西崎義展さん。それ以外のスタッフの名前は、まず知られていなかったのが実情です。

そんななか、テレビアニメに新たな革命が起こりました。

そう、『機動戦士ガンダム』（1979年4月7日）の放送開始です。


当時は大学の夜学に通っていました。これにはわけがあります。私の父は銀行員で支店長まで務めた人間でしたが、山っ気が多くて、在行中から密かにいろいろな事業に投資していたのです。そしてことごとく失敗しました。挙句の果てに銀行を辞め、夜逃げ同然で実家を離れたのです。母と私と妹は仕方なく父と行動を共にしていました。高校卒業間近の時です。

家族で何度か引っ越しを繰り返し、最終的に八王子元横山町のアパートに居を構えました。父が唯一成功した釣り道具屋が八王子にあったからです。釣り道具屋のおやじに収まるのは野心家の父にとって複雑な思いだったでしょう。それでも「好きこそものの上手なれ」で、その後少しずつ店を大きくしていきました。

そんな環境なので、勉強に集中できるはずがありません。二浪して早稲田の第二文学部に入りました。高校卒業からこのころまでが、人生の暗黒期でした。

『ガンダム』が評判になっているのはうわさで知っていました。そこで、17話「アムロ脱走」（1979年7月28日）を視たのです。衝撃を受けました。

主人公の少年アムロ・レイが独断専行し、戦況の変化に対応できず、危機に陥ります。ガンダムの母艦ホワイトベースの艦長ブライト・ノアは、そんなアムロをガンダムから降ろそうと決意。偶然ブライトと操舵手ミライがその会話をしているのを聞いたアムロは、ガンダムに乗ってホワイトベースから脱走する、というのがこのエピソードです。

ガンダムを上手く操縦できる、というのがこの時点でのアムロのアイデンティティです。それを否定されたことで、己の存在自体が揺らいでしまう。アムロの乗るガンダムが暗い砂漠に降下してゆくラストシーンは、自分の行き場が分からなかった私自身の心情に、ピタリとはまったのでした。

この回は作画監督が安彦良和《やすひこよしかず》さん、絵コンテが斧谷稔《よきたにみのる》さん（富野《とみの》喜幸《よしゆき》監督のペンネーム）というベストの布陣だったこともラッキーでした。

それ以来、『ガンダム』をリアルタイムで視るようになります。家にはまだビデオがなかったので、土曜日の15時50分に授業が終わると、早稲田から全速力で八王子まで帰るようになりました。

雑誌「アニメック」と出会ったのは、そのころです。

アニメ雑誌は、『宇宙戦艦ヤマト』ブームと共に生まれました。1977年、みのり書房《しょぼう》の「月刊OUT」6月号がどこよりも早く『ヤマト』特集を組みました。ちょうど最初の劇場版が公開されるタイミングです。

「なんて奇特な雑誌があるんだ！」

喜んで購入しました。実は「OUT」は創刊号から買っています。最初はアニメ誌ではなくサブカルチャー誌で、創刊号の特集はレイ・ブラッドベリ。私の大好きなSF作家です。ブラッドベリを特集してくれるだけでありがたいのに、2号目は『ヤマト』。こんなにも自分のニーズに応えてくれる雑誌はない、いったいどんな人が編集しているんだ？と興味が湧きました。

『ヤマト』特集が売れ行き好調だったため、「OUT」はサブカルを捨て、アニメ専門誌にシフトします。アニメのパロディという独自の路線を見出し、一時代を築きます。

本格的なアニメ雑誌「アニメージュ」を創刊したのは徳間《とくま》書店《しょてん》。『さらば宇宙戦艦ヤマト愛の戦士たち』公開と同じ1978年のことです。

つまりアニメ雑誌は『ヤマト』ブームが生み出したものです。一部の人間は、ブームを支えているのが子供ではなく、大学生や高校生たち若者であることを認識していたということですね。そしてアニメ雑誌は、新たな作品を生み出していきます。

「アニメージュ」に連載された宮﨑駿監督のマンガ『風の谷のナウシカ』が劇場アニメになったのは、アニメージュの編集長だった尾形英夫《おがたひでお》さん、副編集長だった鈴木敏夫《すずきとしお》さんのふたりが映画マニアだったから。そして「アニメージュ」が宮﨑駿監督と高畑勲《たかはたいさお》監督をプッシュして、スタジオジブリが設立されます。

最近スタジオジブリの宮﨑駿さんが、

「ヤマトがなかったらスタジオジブリはなかった」

と発言しているのは、そういう意味なんです。全ての出来事はつながっている。影響し合っているのです。

そして『機動戦士ガンダム』を最初に大特集した雑誌が「アニメック」でした。

「アニメック」はラポート株式会社というアニメグッズを販売する会社が出版している雑誌です。こちらも創刊にまつわる逸話に『ヤマト』が関わっています。

ラポートはもともとは旅行業と並行してノベルティやギフト商品を扱う会社で、取引先のひとつに中古車販売専業社の団体がありました。その団体加盟社向け通信販売カタログに虫プロダクションのファミリーカレンダーを載せてくれないかと、西崎義展さんの会社オフィス・アカデミーから打診がありました。西崎さんは一時、手塚治虫さんの虫プロに所属していました。その関係で虫プロのファミリーカレンダーを扱っていました。

西崎さんとつながりができたラポートの海野《うみの》榮一《えいいち》社長は、オフィス・アカデミーに通い詰めるうちに『ヤマト』の人気を知ることとなります。

西崎義展さんは１９７７年の『ヤマト』劇場版に合わせてグッズ販売の拡大を考えていて、海野社長はそれに応えて「宇宙戦艦ヤマト・キャラクター商品ファンシーアイテム商品化・販売計画」を立案。これは子供ではなく、中高生や女性ファンをターゲットにした商品企画で、当時としては画期的なものでした。

こうして「ヤマト・グッズ」で成功を収めたラポートは、総合的なアニメショップを新宿御苑前駅そばに開きます。その店の名前がアニメックでした。

このショップでは、店を訪れたファン向けに「アニメック・ニュース」というニュースペーパーを１９７８年10月10日に創刊しました。これが発展して、同年の12月に「マニフィック」という雑誌を創刊。５号目から誌名変更して、店の名前と同じ「アニメック」になります。

「アニメック」の小牧雅伸《こまきまさのぶ》編集長もまた『ヤマト』に関わっていました。『ヤマト』本放送中に唯一存在したファンクラブのメンバーだったのです。ファンクラブのメンバーが中心になって作ったのが前出の「OUT」創刊2号の『ヤマト』特集でした。

ラポートの髙橋豊《たかはしゆたか》営業部長がそんな小牧さんをスカウトし、アニメックの編集長に据えたのです。

『ガンダム』を特集した「アニメック」6号は、私の琴線《きんせん》に触れるものでした。何と言っても小牧編集長自らが、富野監督に詳細なインタビューを行っているのです。まさにファンが聞きたいことを的確に聞き出している印象でした。

小牧さんの質問に対する富野監督の答えは、

「画面を見ていれば分かる」

がデフォルトでした。実際に『ガンダム』の画面は実によく考えて作られています。私が最初に視た17話ひとつとっても、

「入手したザクのデータを基に、アムロが自分で戦闘シミュレーションを作っている」

「捕虜の扱いは南極条約なるものに基づいている」

「ランバ・ラルの部隊に補給として（かなり使い込んだ）ザクが送られてくる」

「どう見ても軍属でないクラウレ・ハモンが、なぜ指揮官のランバ・ラルと行動を共にしているのか。ラルの部下たちはなぜそれを許しているのか。この作戦が成功して2階級特進すればザビ家により近い生活ができる、というが、ザビ家とはどんな因縁があるのか」

などなど、気になる描写がたくさんありました。

小牧編集長は、マニアならではの鋭い切り込みで富野監督に迫り、監督も答えないと言いつつ面白い話題を口にする。

インタビュー記事を読んで、ふたりのキャラクターに興味は増すばかりでした。

そして、人生の転機が訪れます。

「アニメック」に「編集アルバイト募集」の記事が載ったのです。

2・グッズ販売員から編集アルバイトに

1980年春。私はアルバイトの面接のため、アニメック編集部を訪れました。

小牧編集長自らが対応してくれます。当時の私にとって小牧編集長は「あこがれの人」です。しかし、

「残念だったね。編集アルバイトはもう決まっちゃったんだよ。でもせっかくだし、春休みに上野の京成デパート（現：上野マルイ）でアニメグッズ・フェアがあるから、その出店の売り子をやらないか？」

と言われました。まるでブローカーです。

少しがっかりしましたが、前出の通り少しでもお金が欲しい時期でしたので、二つ返事でOKしました。

フェア初日に上野駅に降り立つと、京成デパートに「春のアニメフェスティバル」と書かれた大きな懸垂幕《けんすいまく》が垂れていて、デパートが期待しているイベントなのだ、と伝わってきました。ラポートは1978年1月の、新宿京王百貨店の「お正月子供フェスティバル」に「宇宙戦艦ヤマトコーナー」を出店し、驚異的な動員を記録したのを皮切りに、デパートのアニメグッズ・フェアで信用を獲得していたのです。

売り場には数人の学生アルバイトが集められ、ラポート営業部の井沢《いざわ》課長から商品販売についての説明がありました。私が主に担当したのは『ガンダム』の複製原画と、『ドラえもん』の砂絵《すなえ》です。

『ドラえもん』の砂絵は海野社長が考案したもので、ドラえもんのイラストの部分部分がはがれるシールになっています。シールの糊面に、上からその部分に合った色の砂を振りかけていくと、きれいなドラえもんの砂絵が完成するという仕組みです。これを売るために、子供たちを集めて、実演販売をやるのです。

実際に子供たちにアドバイスしながら砂絵を作るのですが、興味を示してくれた子供は100%買ってくれました。親が記念にと、複数買いをしてくれるのです。

私は父方の家が酒屋で、小さいころから店を手伝っていたので、客商売に慣れていました。また実演販売ということで、NHK大河ドラマ『国盗り物語』(1973年1月7日)で、平幹二朗《ひらみきじろう》さん演じる斎藤道三《さいとうどうさん》が、若き日に油売りの実演販売をしていたシーンをイメージしながら「楽しんで演じていた」という感じでした。

ですから、さほど苦にならなかったのですが、他のバイトの方にはきつかったらしく、徐々に出てくる人が少なくなり、1週間後には私ひとりになりました。ショーケースに並ぶ商品にも欠品が目立ちます。

初日にもらっていた井沢課長の名刺を頼りに電話すると、

「えっ！　君ひとりでやっているの？」

と、慌てて商品を持って駆けつけてきました。

「井沢君、商品はたくさん並んでいないと売れないんだよ！」

と京成デパートの担当者から叱責されて、井沢課長が平謝りだったのを覚えています。

そんなことがあって、小牧編集長が「あいつは根性があるらしい」と思ったのでしょうか。

ゴールデンウィーク前に連絡をもらい、晴れて「アニメック」編集部のアルバイトとして採用されました。私の前に入ったバイトの方が、何らかの事情でお辞めになったのも一因でした。

当時の「アニメック」編集部は新宿御苑前駅にある店舗の近く、読売ジャイアンツの王《おう》貞治《さだはる》選手のお父さんがオーナーの、通称「ワンちゃんビル」の1階にありました。営業部の隣を無理やり開けたような、3畳ほどのウナギの寝床のようなスペースです。好きだった雑誌がこんな狭い場所で作られているのか、と驚くほかありませんでした。

6月発売の「アニメック」11号を少し手伝って、8月発売の12号『赤毛のアン』特集から、本格的に特集を任されました。

実はこのころ、小牧編集長は『ガンダム』の制作会社・日本サンライズ(現・バンダイナムコフィルムワークス）から『ガンダム記録全集』の編集の手伝いを依頼されたり、「アニメック」以外の仕事も増えていたのです。ですから学生アルバイトにいきなり巻頭特集をやらせるなんて無茶をしたんですね。

当時の編集部には編集アシスタントの女性がひとりと、もうひとりの学生アルバイトで横浜国立大学の福室宏子《ふくむろひろこ》さんがいました。福室さんは雑誌編集志望で、翌年にプレジデント社《しゃ》のゴルフ雑誌編集部に転身します。優秀な方でしたが、アニメに詳しくはなかったので、巻頭以外のページを担当することが多かったです。

そんな状況なので、編集について教えてくれる人は誰もいません。編集部にあった『編集ハンドブック』というガイド本を読んで、入稿のやりかたなどを覚えました。

『赤毛のアン』特集は小牧さんが立案したものでしたが、喜んで引き受けたのにはわけがあります。

私は『赤毛のアン』も好きで、村岡花子《むらおかはなこ》さん訳版で最終巻の『アンの娘リラ』まで全巻読んでいました。それもあり、アニメ版『赤毛のアン』も1話から全話視ていたのです。

アニメの1話でアンが白い花の道を通る時、幸せな未来を幻視するシークエンスの素晴らしさは、テレビアニメのひとつの到達点でしょう。（高畑勲監督の演出の特徴である「少女

の幻視」については、日本大学文理学部の横田正夫《よこたまさお》教授の講演を最近聞いて、なるほどと感じ入りました）

この特集で初めて「セル撮」を経験しました。アニメは前年の1979年1月7日から12月30日までの放送で、この時点では全話終了していたので、制作サイドもセル撮に快く応じてくれました。

カメラマンとともに聖蹟桜ヶ丘にある日本アニメーションのスタジオに出向き、使用済みのカット袋からセルと背景画を組み合わせて撮影していきます。セルの保存状態もよく、興が乗って予定より多い枚数を撮影することができました。

12号の表紙や巻頭カラー、ピンナップでアンがギルバートの頭に石板を叩きつけているカットはこの時に撮影したものです。

トレスコを使った割付け（レイアウト）も初めて経験しました。「アニメック」は予算がなかったので、このころは誌面のレイアウトも全部編集部員がやっていたのです。トレスコとは、トレスコープの略。3段のガラスの段で構成された転写機です。一番下からライトで上面を照らします。一番上のガラス面にレイアウト用紙を置き、2段目のガラス面下に割付けしたい写真やイラストを置きます。下の段と連動するハンドルを片手で回して、下の段の対象物の大きさを調整し、レイアウト用紙に投射された対象物を鉛筆でトレスして、誌面のレイアウトを作ります。光が漏れないように周りが暗幕で覆われているので、作業中はとにかく暑い。一般的にはやりたがる人が少ない作業ですが、私は自分の手で誌面を作れるので好きでした。今では編集に携わる人でも知っている人が少ない、失われた技術ですね。

失われた技術をもうひとつ。編集部に入って初めて担当したライターが、前述の池田憲章さん。海外ドラマと特撮のオーソリティです。「アニメック」では人気連載「日本特撮映画史　SFヒーロー列伝」を書いていました。タイトルに「映画史」とありますが、取り扱うのは特撮ドラマです。毎回、権利元と交渉して、撮影された16ミリフィルムを借りてきます。

予算がないので全てを複製するわけにはいきません。デュワインダーという機材にセットして、手でハンドルを回しながら目的のカットを探します。目当てのカットを発見したら、フィルムのコマの横の穴（パーフォレーション）に紙の「こより」を差して結び、目印を作ります。これを「こより出し」と呼んでいました。誌面に載せたいだけ「こより」を結ぶと、カメラマンにそのカットを接写してもらうのです。

この連載だけでなく、「セル撮」ができない作品の場合は、アニメでも同様の方法でフィルムの複製を作っていました。

経費節約のために、地味で根気のいる仕事をやっていたのです。

これ以外に誌面にアニメの写真を載せる方法として、権利元から宣材用のポジフィルムを借りてきて複写する、デュープというやり方があります。先日若い編集者に聞いたら、現在では使われていない言葉だそうです。デュープというワードを知っている編集者も、すでに還暦近くになっているのでしょう。

なぜそんな面倒な作業をするかというと、1980年ころのアニメ制作会社で、広報や宣伝の機能を持っているところがほとんどなかったからです。ちゃんとした担当者がいるのは東映動画《とうえいどうが》（現・東映《とうえい》アニメーション）くらいだったでしょうか。日本サンライズでさえ企画室が対応していました。番組を担当する広告代理店から素材をもらうことも多かったですね。

編集の仕事に慣れてくると、昼間は「アニメック」をやり、夜は西武新宿線の井荻にあった伸童舎《しんどうしゃ》という編集プロダクションに通うようになりました。

ここは小牧さんが副業で手伝っていた編プロです。講談社の『ガンダム』のフィルムブックのようなムックのライティングなどをやりました。少しでもお金が欲しかったのと同時に、なるべく家に帰りたくなかったので、仲童舎に泊まったり、友人の家を転々として暮らしていました。

3・アニメ新世紀宣言

1981年になると小牧編集長は日本サンライズの仕事が増えていきました。この年の3月14日に劇場版『機動戦士ガンダムⅠ』が公開されることになり、その宣伝の中核を任されていたのです。

前年に映画化が発表された時は、私を含めて何人かの『ガンダム』好きを集めて、「どうやったらガンダムがメジャーになるか考えよう」と、宣伝会議の真似事をやったこともありました。

「子供に分かるようにするにはどうするか。ガンダムがビームサーベルを抜いて見得を切る時に、『きどうせんし、ガーンダムッ!』と叫べばいいんじゃないか」

など、冗談とも本気ともつかないアイデアを語っていたのが印象的でした。

小牧さんが関わっていた宣伝イベントこそが、伝説のイベント「アニメ新世紀宣言」です。このイベントは日本サンライズの野辺忠彦《のべただひこ》宣伝プロデューサーのアイデアでした。その実行部隊を指揮していたのが小牧さんです。

映画が公開される直前、2月22日に新宿アルタ前広場で行われました。このイベントは富野監督以下のメーンスタッフが登壇するほか、ファンのパワーを見せつけるために現場のセッティングにアニメファンの学生が駆り出されていました。特に目を引いたのが『ガンダム』のキャラクターの扮装をしたコスプレイヤーたちです。現在と違って、コスプレ人口は非常に少ない。小牧さんが声をかけたのは、アニメ・マンガファンが集まる江古田の「まんが画廊」に出入りする若者たちを中心としたグループで、当時のコスプレの精鋭部隊です。

ある日、私が編集部で作業をしていると、小牧さんがそのグループを編集部に連れてきて、イベントの打ち合わせを始めました。

その時に現れたロックンローラーのような大学生に目を奪われます。アニメファンとは思えぬ雰囲気をまとった彼は、周りから「クリス」と呼ばれていました。そう、私の運命を変えることになる、永野護さんとの出会いでした。

永野さんはアニメファンのイメージとは違い、おたく心とロックの心を同居させている若者です。ロッカーでありながらコスプレもする。地元の京都では、シャアのコスプレをしたまま市バスに乗ったことがあるという強者でした。

永野さんの横にはひときわ目を引く美少女がいて、これが後に声優になり永野夫人となる川村万梨阿《かわむらまりあ》さんです。東映の養成所に入っていて、役者を目指していました。

小牧編集長がイベントにかかりきりになっているぶん、私は「アニメック」の編集作業に没頭していました。それでも気になって、2月22日当日はアルタ前広場に足を運びました。アニメック編集部で徹夜作業し、その勢いのまま現地に赴いたのです。

驚いたのは、アルタ前にどんどんファンが集まってきて、あっという間に想定していた会場スペースをはみ出してしまったこと。主催者側はせいぜい2千人の動員を予測していたそうですが、なんと2万人もの人間が押し寄せたのです。

人の波は、西は中央線や山手線の線路の下を通る大ガード、東は伊勢丹の近くまで広がっていきました。

この時、自分と同世代のアニメファンがこんなにもたくさんいる、という感覚を生で感じることができました。

ただ、あまりにも人が集まり過ぎて、ステージ前が危険な状態になりそうでした。そこ

で富野監督が、

「お前ら、動くな！」

と声を張り上げて、人の波の混乱が一瞬で収まったのです。富野さんからは、ここで事故が起これば、世間からアニメファンのレベルを問われる、何としてもアニメの価値を下げてはならない、という強い思いが感じられました。富野さんは、常に「対世間」を意識していたのです。

「アニメージュ」が主催する「第1回アニメグランプリ」（1979年）で『機動戦士ガンダム』が作品部門1位を獲得した時、白いスーツ姿で日本武道館のステージに立ちました。それが他のアニメ関係者から、勘違いしている、と批判を受けました。しかし、富野さんには、

「こうしたかっこうをしないと世間からアニメが馬鹿にされる」

という強い信念があったと、後年私に語ってくれました。

「アニメ新世紀宣言」を企画した野辺忠彦さんや小牧編集長もきっと同じ気持ちだったでしょう。世間から白い目で見られているアニメというジャンルを認めさせたい。そのプライドが現れた企画でした。

スタッフたちのトークが終わると、ついにイベントのハイライト。『ガンダム』のキャラクター、シャアとララァのコスプレをした永野護さんと川村万梨阿さんがステージに立ち、よどみなく宣言文を読み上げます。

「私たちは、わたしたちの時代のアニメを初めて手にする。『機動戦士ガンダム』は、受け手と送り手を超えて生み出されたニュータイプアニメである。この作品は、人とメカニズムの融合する未来世界を皮膚感覚で訴えかける。しかし戦いという不条理の闇の中で、キャラクターたちはただ悩み苦しみ合いながら呼吸しているだけである。そこでは、愛や真実ははるか遠くに見えない。それでも彼らはやがてほのかなニュータイプの光明にたどり着くが、現実の私たちにはその気配すらない。なぜなら、アムロのニュータイプはアムロだけのものだから。これは、生きるということの問いかけのドラマだ。もし、私たちが、この問いを受け止めようとするなら、深い期待と決意をもって、自ら自己の精神世界《ニュータイプ》を求める他ないだろう。今、未来に向かって誓い合おう。私たちは、アニメによって開かれる私たちの時代と、アニメ新世紀の幕開けをここに宣言する」

私には、永野さんと川村さん、ふたりの姿が輝いて見えました。

この日を境にパラダイムが変わりました。

世間はようやく「アニメは子供だけが見るもの」から「アニメは新しい若者の文化」として認識を変えていきます。

小牧編集長は、

「フォークも政治運動ももうない時代、若者の共通体験はアニメになった」と当時新聞に語っています。


アニメック編集部は、私が最初に訪れた「ワンちゃんビル」から2度ほど近所で引っ越しを行い、1981年の秋に竣工したばかりのラポートの自社ビル「ラポートピア・ビル」に入居します。

このビルは創業者である海野社長の夢のひとつだった大規模なアニメ専門ショップを実現させたものです。2階に店舗としての「アニメック」、1階が倉庫。編集部は6階。他のフロアは賃貸マンションです。このころラポートは常設・非常設合わせて、全国数十か所でアニメグッズ販売網を築いていました。

ラポートピア・ビルの定礎の文字はのちに総理大臣になった小渕恵三《おぶちけいぞう》さんによるものでした。海野社長は早稲田大学雄弁会出身で、若いころ小渕さんの秘書をやっていたらしいのです。ラポートは2003年に倒産しますが、ビル自体は2014年に解体されるまで残っていました。

この前、跡地を見に行ったら現在は「ザ・パークハウス新宿御苑」というスタイリッシュなマンションになっていました。目の前に新宿御苑が広がっているので、住むにはいいところでしょう。私が働いていたころは、景色を見る余裕がなくて気がつきませんでしたが。

当時は現在のようなセキュリティの概念がなくて、2階の店に来たファンがアポなしで編集部に来ることもしばしば。正規の編集部員ではない人たちや、若いアニメ関係者が大勢出入りしていましたし、放課後のたまり場みたいな雰囲気でした。

特集企画については特に編集会議はなくて、私や小牧編集長がやりたいものをやる感じ。気に入っている特集をいくつか紹介します。

まずは1981年4月発売17号の「ロリータ特集」。小牧編集長が「アニメ新世紀宣言」

で多忙なのをいいことに、好き勝手やりました。当時『ルパン三世　カリオストロの城』のヒロイン・クラリスが人気でした。劇中でルパンがクラリスを娶《めと》ろうとするカリオストロ伯爵を、

「妬かない妬かない、ロリコン伯爵。火傷するぜ」

とからかうのですが、17歳のクラリスはロリータではなかろうと。私はルイス・キャロルやウラジーミル・ナボコフの愛読者だったので、アニメファンにロリータの定義を伝えるぞ、とやや誇大妄想的な動機で行った特集です。

そして1981年8月発売19号の「メカデザイナー特集」。

大河原《おおかわら》邦男《くにお》さん、宮武《みやたけ》一貴《かづたか》さん、河森《かわもり》正　治《しょうじ》さん、板橋《いたばし》克巳《かつみ》さん、出渕裕さん、青井《あおい》邦夫《くにお》さん、錦織《にしきおり》正宣《まさのぶ》さん、サブマリン、ひおあきらさん、そしてポピーの村上《むらかみ》克司《かつし》さん。錚々たるメンバーにインタビューを行い、一部の方には描きおろしイラストもいただきました。

1982年10月発売26号の「キャラクターデザイナー特集」も気に入っています。

安彦良和さん、宮﨑駿さん、小松原《こまつばら》一男《かずお》さん、湖川《こがわ》友謙《とものり》さん、小田部《こたべ》羊一《よういち》さん、杉野《すぎの》昭《あき》夫《お》さん、荒木《あらき》伸吾《しんご》さん、芦田《あしだ》豊雄《とよお》さん、天野《あまの》喜孝《よしたか》さん、影山《かげやま》楙倫《しげのり》さん、いのまたむつみさん、美樹本《みきもと》晴彦《はるひこ》さんという皆さんのインタビューと一部描きおろしのイラストもいただき

ました。

　この時、宮﨑監督にクラリスについてのお話を聞けたのは、収穫でした。私が生意気にも、

「クラリスは男性の理想像を反映し過ぎたキャラクターではないか？」

と質問したところ、宮﨑監督は怒って、こう反論しました。

「君は女の子のことを全然分かっていない！　あの映画が何日間の話だと思ってるんだ！」

「ルパンが3日程気を失っていたから、7日間の話だと思います」

「そうだよ。どんな女の子でもね、1週間くらいは猫をかぶっていられるんです！」

　これを真顔で言うのです。宮﨑監督は何事にも本気なのですね。感銘を受けました。なんとも楽しい思い出です。

　1980年代は、メカ・キャラクターにしろ人物キャラクターにしろ、様々なバリエーションが生まれた時代です。当時の第一線の方々にデザインの本質について直接話をうかがえたのは、大きな財産となりました。

4・富野監督との出会い、永野護デビュー

「アニメック」時代には、私にとって大きな出会いがふたつありました。

ひとつは富野喜幸監督。

『ガンダム』放映開始以来、富野監督のインタビューは小牧編集長が行っていました。しかし前述の通り、小牧さんが多忙になったので、『伝説巨神イデオン』(1980年5月8日)以降は私が担当することになりました。

「富野監督に初めて会う編集者や取材者は必ず怒られるから、覚悟しておけ」といろいろな方に言われました。当時のアニメ界では都市伝説になっていたほど、有名な話です。ですから、初めて富野監督を訪ねた時は内心ドキドキでした。

監督はそのころ日本サンライズ第2スタジオとは別に、自分の事務所「オフィス・アイ」を立ち上げて、個人の作業はそちらで行っていました。ちょうど西武新宿線上井草駅の目の前の、雑居ビルの一室です。

訪ねたのは昼過ぎでしたが、チャイムを鳴らしても誰も出てきません。ドアの前で困惑していると、壁面のガラス越しに富野さんの姿が見えました。外の道路に立って、私に向かって、こっちこっち、と言うように指で外に出てくるように合図をしています。ニカッ

と笑い顔です。ちょうど昼ごはんに外に出た帰りのようでした。そのままふたりで喫茶店に入り、初対面の挨拶と取材をさせていただきました。

他の編集者たちから脅されていたような、富野さんによる怒りの洗礼を受けることなく、最初の出会いは終わりました。

それ以降、現在に至るまで親交が続いていますが、直接怒られた経験はごくわずかです。

ちなみに、富野監督の名前を知ったのは、『ガンダム』が初めてではありません。

私が高校時代、夕方に再放送されていた『海のトリトン』（1972年4月1日）が最初です。手塚治虫さん原作ですが、内容を大胆に改変し、ほとんど富野監督のオリジナルのようなテレビアニメです。何と言っても、主人公の少年トリトンのみずみずしいキャラクターが魅力的でした。素敵なアニメを作る監督だなと、当時から注目していたのです。

アニメに興味がない人でも、甲子園球場の高校野球の応援で、ブラスバンドが主題歌の旋律をよく演奏しているので、『トリトン』の音楽だけは聴いたことがあるでしょう。

この『海のトリトン』を支持したのは当時の女子中高生でした。彼女らによって、最初のアニメ同人文化が生まれました。そしてその流れが『ヤマト』や『ガンダム』のファンダムへとつながっていきます。

富野監督は同人文化を作ったという意味でも、日本のアニメ文化のひとつの祖だと思います。

『イデオン』のテレビと劇場版『接触篇』『発動篇』（1982年7月10日）では、本誌と、別冊の『伝説巨神イデオン大事典』を担当しました。

『大事典』シリーズはアニメひと番組の人物、メカ、用語を事典形式でまとめたものです。『機動戦士ガンダム大事典』のヒットを受けて『イデオン』でも刊行しましたが、本誌以上の売り上げを記録し、人気シリーズになりました。私はこれ以後、『戦闘メカ ザブングル』『六神合体ゴッドマーズ』『聖戦士ダンバイン』の大事典を担当しました。

この『伝説巨神イデオン大事典』のキャラクター解説などで、自分の思い入れを込めた文章を書くことができました。当時は制作会社からサブキャラクターについての公式な文字資料はほとんど出なかったのです。ですから、編集者がそのあたりを補足して、独自の解釈の見解をする余地がありました。どうやら富野さんは私の書いたキャラクター解説文を評価してくださったようです。

このころ富野さんが「アニメージュ」に連載していた『イデオン・ライナーノート』や、

朝日《あさひ》ソノラマから刊行された『機動戦士ガンダム』の小説版などを読みながら、編集者として監督の著作を取りたい、という思いが強くなって行きました。

ちょうど『ザブングル』放映開始前に、富野さんは名前を本名の喜幸から由悠季に改名しています。

これは日本サンライズの初代社長である岸本吉功《きしもとよしなり》さんが亡くなって、その因果を変えるため、と聞いていました。高名な占い師に選んでもらった名で、この名があったから人気を後世まで保てたと、最近になってうかがいました。

その後、『聖戦士ダンバイン』（1983年2月5日）では、よりどっぷりと作品に向き合うことになります。富野監督のインタビューはもちろん、毎号カラーを含む特集ページを作りました。

また、この作品では前出の川村万梨阿さんがチャム・ファウ役で声優デビューを果たしています。それもあり、アフレコが行われている新宿の整音スタジオには足しげく通いました。

『ダンバイン』の声優はほとんどが新人で構成されています。これは、

「彼らが大きくなった時に、実は『ダンバイン』から出てきたんだよ」
と言われるような役者を見つけたい、という監督の考えによるものです。確かに既存のキャラクターのイメージがついていない新人を起用することで、キャラクターと声優のイメージの一体感が生まれます。『ダンバイン』の前年の『超時空要塞マクロス』（1982年10月3日）でヒロインのリン・ミンメイを歌手の飯島真理《いいじまり》さんが演じました。演技力云々を飛び越した圧倒的な存在感で、キャラクターと声優の結びつきが確固たるものになりました。富野さんはそうしたトレンドも視野に入れていたのでしょう。

翌1984年のことですが、私がアルバイトでライティングを始めた「週刊ザテレビジョン」において、新しい時代の声優を表す言葉として「キャラクターボイス（CV）」という名称を提案しました。そのきっかけになったのが、『ダンバイン』での新人声優のみなさんとの交流でした。今ではアニメキャラクターを紹介する時に「CV：XXX」というような使い方がされていて、すっかり一般用語として定着しました。

この『ダンバイン』の最終アフレコの前日、声優陣とアニメスタッフで打ち上げがてらの丹沢旅行が企画されました。半分スタッフと認識されていたのか、なぜか私も呼ばれました。温泉に入り、大広間で宴会が行われたのですが、気になることがありました。

次回作『重戦機エルガイム』（1984年2月4日）を抱えて大忙しのはずの富野さんが参加しているのに、各話演出のスタッフがそこにはいないのです。富野さんに、

「どうして一番忙しい監督が来ているのに、各話演出の人がいないのか」

と聞くと、

「ようするにあいつら、ぐうたらなのよね」

と答えます。

ここで、大きな学びがありました。すなわち、どんなに忙しくても行くべきところには行けるようスケジュールを調整する。人に呼ばれたら、物理的に無理でなければ顔を出す。以後、自分の人生訓としています。

とは言え、各話演出の方々もそれぞれの仕事事情があったのでしょうから、少しは割り引いて見なければいけませんね。


これに先立ち、もうひとつの大きな出来事がありました。

永野護さんが初の専属メカデザイナーとして、日本サンライズに入社したのです。

永野さんとは「アニメ新世紀宣言」以降もときどき会う機会がありました。『うる星やつ

ら』の劇場版第1作『オンリー・ユー』（1983年2月11日）の宣伝イベントが九段会館で行われた時には、コスプレイヤーとして川村万梨阿さんがラムちゃん、永野護さんがレイさん役で登壇。私も面堂終太郎《めんどうしゅうたろう》を演じ、共演しています。そのころも音楽活動の話は聞いていましたが、デザインについての話はしたことがありませんでした。

ですから、日本サンライズ入社の報には驚きを隠せませんでした。考えてみれば、川村万梨阿さんから、

「永野君が『デス・アンカー』という作品で『第2回国際SFアート大賞』の予選を通過した」という話は聞いたことがあったものの、アニメ制作の現場とはイメージが結びつかなかったのです。

早速、『銀河漂流バイファム』（1983年10月21日）が制作されている日本サンライズ第3スタジオをのぞいてみました。

いるいる。永野さんがスタジオの片隅でメカの設定画を描いています。

「これは『バイファム』に出てくるパペットファイターという小型宇宙船。F1マシンをイメージしているんだ」

と語る永野さんは生き生きして見えました。

やがて永野さんが『重戦機エルガイム』でメカデザイナーに採用されたというニュースが飛び込んできました。専属デザイナーとはいえ、入社したばかりの彼にそんな重責が務まるのだろうか？　友人が抜擢された喜びはありましたが、そんな不安も芽生えました。

ところがその2週間ほど後、人物キャラクターも担当する、と言うではありませんか。これは大事件です。小物を含めて、アニメに登場する全てのデザインをひとりで行う。そんなことができるのだろうか。

富野監督に話を聞いてみると、キャラクターデザインの決め手になったのは、永野さんが描くキャラクターのファッションセンスにあるとのこと。そして、

「永野君のような才能を発掘しないと、アニメ界はダメになる」

とまで言い切りました。

そんななか、またまた激震が走ります。永野さんがバイクを運転中に転倒し、腕を骨折したというのです。果たして『エルガイム』の制作は間に合うのか？

江古田の仲間が集まって、永野さんをお見舞いする会が開かれました。左腕を包んでいるギプスは、友人たちの激励のサインでびっしり埋まっています。友人に愛される人なんだな、と感じました。落ち込んでいるかと思いきや、予想よりダメージは少なかったらし

く、明るい表情をしていてホッとしました。

永野さんがデザインする『エルガイム』のロボットの総称はヘビーメタルです。これも彼のロッカーのイメージとシンクロしています。強そう、というより、綺麗というイメージ。

後に永野さんの代表作になる『ファイブスター物語』の構想は、すでに芽生え始めていました。

5・閉塞感と憂鬱。そして、角川へ

「アニメック」に関わることになった80年代初頭。私はようやく自分の居場所を見つけた高揚感のなかにいました。

仕事が忙しくなり大学を辞め、1982年にラポートの正社員となります。大学の新卒待遇で、とのことでした。ところが翌年、ラポートが初の新卒採用を行い、入社した彼らの初任給を聞くと私より高いことが分かりました。会社への不信感が芽生えました。

そうこうして編集活動が3年も過ぎると、だんだんと業界の仕組みが分かってきます。

この会社にいても未来がないことは明白でした。

なぜなら、「アニメック」はなかなか経費が落ちないのです。小牧編集長に領収書を取りまとめて渡す、編集長がそれを隣室の経理に持ってゆく。ところが支払日になっても経費が振り込まれない。経理に問い合わせると、領収書をもらっていないから払えない。そんなことが繰り返されました。イラストを描いてもらった方に原稿料が振り込まれない、なんてこともありました。

ラポートは、「アニメック」の成功の余波をかって、アニメ以外の出版事業に手を出し始めました。そのほとんどが失敗します。会社の経営が傾いているのは明白でした。

さらに髙橋豊営業部長をはじめ、ほとんどの営業部員がいっせいに退社してしまうのです。

会社の方針を巡る海野社長との意見の対立が原因でした。

このころ担当した特集で「アニメ人における構造と力」があります。有力なアニメ人に、アニメ界の問題点と解決策を語ってもらう企画です。自分の閉塞感や苛立ちを丸出しにしたような企画でした。宮﨑駿さん、富野由悠季さん、湖川友謙さん、安彦良和さん、出﨑《でざき》統《おさむ》さん、押井守さん。ひと月のうちにこれだけの方々にインタビューできたのにも驚きです。最近読みなおしてくれた方からは、

「40年前の記事とは思えない。アニメ界はいまでも同じような問題を抱えている」と言われました。取材した皆さんが本音で語ってくれた結果です。

1983年に隔月刊の「アニメック」を月刊にして部数を伸ばしたものの、会社のムードはどんどん悪くなっていきます。何とか生き延びなければならない。そこで考えたのが、角川書店への接近です。

角川書店は1983年3月12日に公開した劇場アニメ『幻魔大戦』をヒットさせ、翌84年に『少年ケニヤ』を公開すると宣言していました。毎年1作ずつ劇場アニメを製作する計画です。1976年から実写映画製作に乗り出していた角川書店は、映画のプロパガンダ雑誌として「バラエティ」誌を発行していました。1982年秋に創刊した「週刊ザテレビジョン」にも同様の機能があります。

「角川が毎年劇場アニメを製作するなら、会社の性格上、プロパガンダのためのアニメ雑誌を創刊するのではないか」

こう予測し、「週刊ザテレビジョン」の編集者・佐藤《さとう》良悦《りょうえつ》さんとの親交を深めていきました。「週刊ザテレビジョン」は『聖戦士ダンバイン』放送時から富野監督のアニメ記事を毎週レギュラーで掲載していました。そんな関係もあり、富野監督を通して出会う機会が増えたのです。

なぜ「週刊ザテレビジョン」で富野アニメが取り上げられたかと言うと、井川浩《いかわひろし》さんの勘違いから始まっています。井川さんは元小学館学年誌の編集者。「週刊ザテレビジョン」立ち上げ時に編集部の主要メンバーをスカウトした方で、角川書店本社と子会社である「株式会社ザテレビジョン」の調整役をしていました。

1983年1月末、良悦さんは井川さんから呼び出しを受けます。

「なんだか新しいガンダムが始まるみたいだから、試写会に行ってほしい。毎週連載ページを作れないか」

これが『ダンバイン』のことだったのです。井川さんがこの時、『ガンダム』と『ダンバイン』の区別が出来ていなかったことが、角川と富野監督を結びつけ、やがては「ニュータイプ」の創刊や『ファイブスター物語』連載開始につながります。歴史は偶然が作るものなんですね。

良悦さんたち「ザテレビジョン」や角川文庫の編集者と一緒に富野監督と打ち合わせするのは、もっぱら西新宿の住友ビル高層階にある「シャーウッド」というローストビーフが売りのレストランでした。打ち合わせの珈琲代も出ないラポートとはえらい違いです。

1984年の夏、「ザテレビジョン」は『重戦機エルガイム』の別冊を刊行します。その時、初めて麴町にあったザテレビジョン編集部に行きました。良悦さんから、

「自分の上司だ」

と井川さんを紹介されました。アニメックとは別の、「プロ」を感じさせる編集部の雰囲気を肌で感じました。このままザテレビジョンに移籍できないだろうか、と考えていた時のことです。

11月末、良悦さんから電話がありました。

「来年3月にアニメ雑誌を創刊することになった。自分が担当するので編集部に来てくれないか」

未来予測が的中！　一も二もなく快諾しました。それにしても実質準備期間が3か月しかない、これはたいへんだぞ、と覚悟を決めました。

新雑誌の初めての編集会議は12月24日のクリスマスイブ。角川書店本社の目の前にある、飯田橋の聖富荘という和風旅館で行われました。ここは角川書店が作家を缶詰めにする旅館だそうです。行ってみて驚いたのは、編集会議に集まったメンバーを見た時です。池田

憲章さん、岩井田雅行さん、徳木《とくぎ》吉春《よしはる》さん……「アニメージュ」の主力編集者やライターたちが、そこにいました。

ザテレビジョンからは良悦さん、そして後に「東京ウォーカー」編集長として辣腕《らつわん》を振るう土屋《つちや》良彦《よしひこ》さんが参加しました。雑誌のフォーマットは前半が特集、中盤に永野護さんのコミックや富野由悠季監督の小説などのレギュラーページ、後半がコラムと情報ページです。基本的に現在までこのフォーマットは変わっていません。

また、誌面のデザイナーは「週刊ザテレビジョン」のデザインをしていたメタ・マニエラから独立したばかりのデザインクレストの朝倉哲也《あさくらてつや》さんが担当することになりました。

朝倉さんのセンスが「ニュータイプ」の誌面やロゴデザインに反映され、雑誌を成功に導きました。その功績ははかりしれません。

こうして私は、1985年1月から角川書店の子会社で「週刊ザテレビジョン」を編集している株式会社ザテレビジョンで働くことになりました。

解説　「アニメック」の頃

本書は僕が聞き手を務めた井上さん（ここからはさすがに敬称をつけさせてもらいたい……）のインタビューをもとに構成されたものなのだが、とにかくこの章にまとまっているエピソードを聞くのは楽しかった。１９７８年生まれの僕は、ここで語られている１９８０年代前半は未就学児童で、当然『アニメック』誌をリアルタイムで手にしてはいない。しかし、僕はおそらくこの『アニメック』のバックナンバーをほとんど所有している。僕は高校時代、当時暮らしていた函館《はこだて》市内の古本屋を巡り、昔のアニメ雑誌を買い漁っていたのだ。

僕はアニメの趣味が同世代より古く、当時（90年代前半）に周囲のオタクたちがハマっていたOVAやライトノベル原作のテレビアニメよりも、80年代のアニメブームの頃の作品を好んでいた。特に富野由悠季に傾倒し、富野監督のインタビューが少しでも載っているものは逃さず手に入れたいと考えていた。そんな中出会ったのが『アニメック』だった。出会いの場は函館の外れにある小さな古本屋で、函館北高校の近くにあったと思う。僕は自分が通っていた高校の寮から歩いて20分ほどかかるこの古本屋を、ある日ほんとうに「たまたま」見つけた。なぜ、このような町外れを歩いていたのかは思い出せないが、偶然、僕はそこを見つけた。当時の僕は古本屋を見つけると、問答無用で入ることにしていたのだが、そこは僕にとっては「天国」だった。おそらく、僕よりも5歳から10歳くらい年上のお兄さんが（おそらくは複数人）、この古本屋に蔵書を売り払うことで青春に別れを告げたのだろう。そこは、80年代前半から半ばにかけてのアニメ雑誌やアイドル雑誌などでいっぱいだった。その中で、僕が一番心を惹かれたのが文字だらけのアニメ雑誌『アニメック』だった。そこでは、普段僕がレンタルビデオなどを通じて昔のアニメを見て、そして頭の中で考えていたことがそのまま活字になっていた。編集部による記事だけでなく、読者の投稿も含めてそうだった。僕はこの雑誌を手にしたとき、ああ、自分は10年遅く生まれてしまったのだなと悔しく思った。それから僕は、毎週少しずつ、この古本屋に通って昔の『アニメック』を2、3冊買って帰るようになった。その店の、腰の曲がったおばあちゃんが一人で店番しているレジ台の上には、大きなブリキの缶に雑誌の付録が無造作に放り込まれていた。一冊雑誌を買うと、その「付録」から好きなものを一冊持っていっていいというルールがその店にはあって、この「付録」選びがまた楽しかった。これは『アニメック』ではなく『アニメージュ』の付録で申し訳ないのだけれど、押井守が『天使のたまご』を発表した際に行われた彼によるティーチ・インの再録冊子（光瀬《みつせ》龍《りゅう》や大森《おおもり》一樹《かずき》が登壇していた）を発見したときは、嬉しくて涙が出た。

『アニメック』本誌にもいろいろ思い出がある。池田憲章による特撮ヒーロー番組の紹介記事には、本当に（いい意味で）騙された。自分の知らない（存在だけは知っている）70年代の作品に、このような名作があったのかと衝撃を受け、後に（大学に進学した後）ケーブルテレビの再放送などでその実態を知り苦笑したことは一度や二度ではない。また、ゼネプロ（当時）の担当していた児童向け科学教育マンガのパロディ（「〇〇のひみつ」といった類）からは、『OUT』のファンコミュニティ内の温かみのあるじゃれつきとはまた違った、シニカルでクールな批評性を感じた。『Zガンダム』後半からの小牧編集長の辛そうな感じも、こういっては申し訳ないけれど、僕は10年も前にこんなに作品に真摯に向き合って、大人が傷ついていることを表明していた場があったのかとあこがれを持って読んでいた。井上さんが手がけたという別冊の『伝説巨神イデオン大事典』は穴が空くほど読み込み、付録の「イデオンすごろく」は当時寮の仲間内に僕が「イデオン」を流行らせていたので、何度もプレイをした。カーシャの駒の担当者が止まったマスの指示に従って「お前なんか死んじゃえ」と言い、そのたびにギジェの駒の担当者が「私は破廉恥な男かもしれない」と答える意味の分からなさが、最高だった。

しかし、僕にとって一番大きかったのは、この雑誌を集めることでアニメを見る視点のようなものが増え、視野が広がったことだ。たとえば僕はこの雑誌の12号『赤毛のアン』特集を読み、それをきっかけに大学進学後に高畑勲監督のテレビアニメ版『赤毛のアン』を、全話一気見している。これは僕がアニメにとって「演出」とは何かを考えるきっかけになった。そして、本章にあるようにこの特集を担当していたのが、当時大学生だった井上さんだった。僕は今から15年近く前に、まったくの別件で井上さんと知り合い、そして彼が以前アニメックの編集を担当していたことをなにかのきっかけに聞かされた。そのとき、今ここに書いたような、「遅れてきた」アニメック読者としての思い出を僕は空気を読まずに語り倒し、特にこの「アン」特集に衝撃を受けた話をした。すると「それ、担当したの私ですよ」と井上さんは苦笑しながら教えてくれたのだ。こういう縁もあり、僕はこの本の「聞き手」を務めることになっている……というわけだ。

あらためて、井上さんの話を聞いていると、そこにあったのはコンセプチュアルなものを作ろうという戦略ではなく、今、大きな力が渦巻いていて、未熟かもしれないけれど新しいものがどんどん生まれている世界のことをとにかく言葉にして、同じことを感じている仲間たちと共有したいという渇望のようなものが、『アニメック』を生んだ当時のアニメの世界を動かしていたのではないかと思う。もちろんそれはこのムーブメントに、10年遅く生まれて「間に合わなかった」人間による理想化というか、願望のようなものが入り混じった感想なのかもしれない。ただ、それが分かっていても井上さんの話を聴いて僕はその場に居ることができなかったことを悔しく思ってしまうのだ。

しかし、次章で語られるように「アニメの思春期（ササキバラ・ゴウ）」はまもなく終わりを告げる。80年代後半はアニメブームの去った「冬の時代」とも言われる。この時代に、アニメを語る場は以前のようにそこにある情熱を受け止めることだけでは成立しなくなる。コンピューターゲームや（今で言うところの）ライトノベルといった隣接分野と連動しながら、ユースカルチャーの一角として「成熟」を迫られることになる。そのターニングポイントとなったのが、本章の終盤で語られる『ニュータイプ』の出現だったのだ。

1985-2006

ニュータイプ編集部とアニメ・コミック事業部の時代

1・「ニュータイプ」創刊秘話

年頭から出社したザテレビジョン社は、麴町から水道橋に引っ越していました。2階建てのビルの2階部分にザテレビジョン編集部が入り、ニュータイプ編集部は1階です。写真室と資料室と隣り合わせの窓のない空間でした。

創刊号と並行して、「別冊ザテレビジョン　重戦機エルガイム2」の編集作業が行われていました。ここに『ファイブスター物語』の原型となる永野護さんのイラストストーリーが掲載されています。『エルガイム』の世界の未来像を永野さんなりに夢想したイラストの数々と歴史年表。その想像力の豊かさに私はすっかり魅了されました。これこそ私が見たい世界でした。

『ファイブスター物語』は創刊前から連載が決まっていました。これは小学館の学年誌出身でマンガ畑だった井川さんが発案したものです。マンガ初心者の永野さんがマンガの描き方に慣れるまで、創刊から1年間は『フール・フォー・ザ・シティ』という、音楽とSFを融合させたマンガを描くことになります。

「アニメック」時代から交流があるということで、担当者に選ばれたのはラッキーでした。

「ニュータイプ」の名前の由来は、もちろん『機動戦士ガンダム』における人類の革新をモチーフにしたものです。

1984年の11月。当時の角川書店の通称「御前会議」で、角川春樹《かどかわはるき》社長が「来年の春にアニメ映画『カムイの剣』が公開されるから、それに合わせてアニメ雑誌を創刊するように」と命じたそうです。

ザテレビジョンでアニメ記事と富野監督担当だった佐藤良悦さんは、誌名を「ニュータイプ」にしたいという強い思いがありました。それまでのアニメ雑誌と一線を画す誌名にしたかったのです。

創刊まで時間がないので、途中で邪魔をされたくない。株式会社ザテレビジョンの社長は、角川春樹社長の弟の角川歴彦専務が務めています。歴彦さんにNOと言われる可能性を排除したい。良悦さんはザテレビジョンの営業担当だった浅野博孝《あさのひろたか》さんと一計を案じ、次の御前会議で歴彦専務を飛ばして、いきなり春樹社長に誌名のプレゼンを行いました。そして承諾されたのです。

浅野さんが語るにはその時、歴彦専務は、

「そんな洗剤みたいな名前の雑誌、売れるわけがない！」

と怒ったといいます。歴彦さんはこの時、まだ『ガンダム』を知らなかったのでしょうか。

そんな歴彦さんですが、決定後はアニメや『ガンダム』を猛勉強したのでしょう。「ニュータイプ」という誌名の許可を富野監督から取るために奮闘します。

歴彦さんが「ニュータイプ」創刊に納得したのは、

「佐藤良悦はカッコいい雑誌を作れるけれどアニメの知識は少ない。アニメの知識については『アニメック』から来る井上が補完する。このふたりで新しいアニメ誌ができると判断した」

と後に語っていました。そのためにも「ニュータイプ」という誌名にすべきと思い直したのでしょう。

同年12月、ホテルニューオータニのスポーツジムに併設したバーで、歴彦専務は富野監督に誌名の許諾をお願いしました。

ところが、

「いまアニメ誌が続々休刊の危機を迎えているこの時代に、新しいアニメ誌を作るのは反対だ」

と断られてしまいます。後々何度も聞かされた話ですが、歴彦さんも富野監督に怒られることを実際に体験して、それを自慢しているふしもありましたね。

歴彦さんはそれにめげず、すぐに2度目の会談を実現させて、

「良悦のために一肌脱いでください」「なんでも要望は聞きますから」

とたたみかけました。富野監督もついには、

「町場の人間を躍らせるな!」

と釘を刺した後に、

「アニメについて素人の角川書店がアニメ誌を作るなら『ニュータイプ』の名をあげよう」

とOKを出してくれました。

「素人の角川書店」という言い方は、「今までにないアニメ誌を作れ」という意味だと歴彦さんは解釈したそうです。

2度目に歴彦さんと会って「ニュータイプ」という誌名が決まった後、

「富野さんが上機嫌でサンライズのスタジオに帰ってきた」

という永野護さんの証言があるので、富野さんも内心では喜んでいたのだと思います。

このころの歴彦専務にはもうひとつ逸話があります。

歴彦さんの命を受け、前述の浅野さんが全国のマンガ専門店の店主たちを集めました。「ニュータイプ」創刊にあたり、彼らの協力を得ようとしたのです。このころ全国に続々とマンガ専門店が現れました。マンガ文化の発展を象徴するもののひとつです。店主たちは、いわばマンガ販売の専門家でした。

店主たちとの会合が開かれ、様々な意見を受けました。その後、浅野さんに対して歴彦さんはこう言ったそうです。

「あの人たちが言ったことの真逆をやれ」

これには浅野さんも驚きました。専門家の意見を聞くな、というのです。歴彦さんの真意は、こうでした。

「マンガ専門店をないがしろにしたいわけではない。ただ、専門店の店主たちは、大手出版社の顔色を見ていることが分かった。マンガには興味はあるが、アニメには関心が薄い。僕はむしろ、このころ起業したばかりのアニメイトを応援したいと思った。アニメイトはマンガもアニメも同列で扱ってくれる」

当時のアニメイトは、アニメックの営業部長だった髙橋豊さんが社長を務める新興のアニメショップ。アニメックの店舗がグッズ中心だったのに比べると、雑誌や書籍販売により力を入れていました。このころ歴彦専務は髙橋社長に、

「アニメイトを全国100店舗作りなさい」

とエールを送りました。後年になり髙橋さんは、

「歴彦さん、100店舗行きましたよ！」

と報告してきたそうです。

3月8日の創刊に合わせて「さよなら人類、ボクらは今日から新人類《ニュータイプ》」というキャッチコピーが登場しました。当時「ザテレビジョン」の実質的な編集長だった野村静男《のむらしずお》さんがつけたコピーです。入社してから分かったことですが、野村さんはコピーの名手でした。

新人類とは当時の若者を表す言葉として、作家の栗本慎一郎《くりもとしんいちろう》さんが提唱した造語で、流行語になっていました。正確には新人類とニュータイプは違うのですが、それを強引に結びつけるところが角川らしいというか。

創刊前にゼロ号と称して、雑誌広告を集めるための媒体資料が作られるのにも驚きました。

「アニメック」では体験できないことばかりです。

いよいよ創刊日。出社前に八王子駅前のくまざわ書店をのぞきました。創刊部数は「アニメック」の倍の26万部。山積みの「ニュータイプ」を見て震えが来ました。今まで自分が関わった雑誌があんなに積まれているのを見たことがありません。3日ほどたち、雑誌の山がなくなりかけたと思うと、翌日にはまた平積みが増えています。大部数の雑誌に関わる怖さを知りました。

数日後、創刊を祝う内輪の会がありました。その時、スピーチに立った大日本印刷の伊《い》藤恒一郎《とうこういちろう》さんが、良悦さんと私に、創刊号の出来は何点くらいか？と聞きました。

ふたりの答えは偶然一致しました。65点です。

「それが世間が見たこの雑誌の評価になる。君たちはこの点数をこれから上げて行かねばならない」

その指摘通り、創刊号の実売率は68％で、私たちの自己評価とほぼ同じ。それからマイナス点をリカバリーするための工夫が始まりました。

「A4ワイド版の良さを生かし切っていないよね」

これが良悦さんの、私の作ったページに対する評価でした。

「ニュータイプ」はA4判とB5判しかなかった他のアニメ誌との差別化のため、A4ワイド判です。他誌より横に広い誌面にはたくさんの情報が入ります。「アニメック」時代の癖で、そこに必要以上の文章と場面カットを入れてしまったのでした。創刊から数号、どの程度の情報を入れた誌面にするのか、試行錯誤を繰り返しました。

当時の角川書店の雑誌は、ザテレビジョンが発行するものを含めて、全て歴彦専務の部数会議で翌月の部数が決められます。「アニメック」時代は、収支報告はもちろん、売り上げのレポートもろくに知らされていません。角川の収支や部数に対する厳しさを実感しました。

特に歴彦専務の責任追及は厳しく、毎月部数会議がある日は、会社の最寄駅に降り立つと吐き気がするほど、精神的に追い詰められました。専務に叱られないよう、部数を伸ばすために必死で頭を使いました。

ワイドな誌面を生かすために、イラストを大きく見せるべき。しかし「アニメック」育ちの私には、それで読者が喜んでくれるのか、自信が持てません。

ある時、アニメ誌が軒並み部数を減らしている原因について考えてみました。アニメ誌が創刊ラッシュだった1980年前後は、まだビデオデッキが一般家庭に普及していませんでした。アニメ誌はアニメファンにとって、テレビアニメや劇場アニメを追体験する機能があったはずです。ところが80年代半ばになると、ビデオデッキの普及がめざましくなります。アニメファンは自宅で何度も繰り返しお気に入りのアニメを視る。アニメ誌の機能の一部が失われたことに気がつきました。

「それならテレビでは見られないクオリティの高いセル画を大きく掲載する意味が出る」

そう考えて、描きおろしをお願いするアニメーターに対して、自分が見たい場面のラフ画を描いて、打ち合わせを強化しました。

私のなかでは、セルで描かれるキャラクターやメカは単なる絵ではなく、ハリウッドの俳優やスーパーモデルのイメージでした。他のアニメ誌では相変わらず場面カットやアニメーター任せのイラストが載っています。他誌の絵が映画のスチールカットだとすると、「ニュータイプ」に載るイラストは映画ポスターのクオリティにする。そう思いついた時、見えない壁を越えた気がしました。

アニメーターの皆さんも自分の腕を存分に披露できると、レベルの高い原画を描いてくれます。その甲斐があり、「ニュータイプ」のセル画は、読者の評判を得てゆきます。

2・セル画とポートレートの美しさを追求

「ニュータイプ」では徹底してセル画の美しさを追求しました。

これには伏線があります。「アニメック」時代の1984年2月号。この表紙は自信作でした。人気アニメ『うる星やつら』のラムと『魔法の天使 クリィミーマミ』の優《ゆう》の共演を実現させたのです。キャラクターデザイナーが同じ高田明美《たかだあけみ》さんで、制作会社であるスタジオぴえろの協力があって実現した企画です。正月号らしくラムと優に晴着を着せて、綺麗な仕上がりのセル画になりました。「アニメック」の歴代最高部数である実売13万部を達成しました。

ところが、「アニメック」で「ためになるゼネプロ講座」を連載していた岡田斗司夫《おかだとしお》さんからダメ出しがでました。ペイントのイラストなら高級に見えるが、セル画は安っぽく見える、と言うのです。

これにはかなり落ち込みました。確かにアニメマニアにはペイントの方が受けがいいかもしれない。でも、私はセル画の美しさが好きだったのです。

「ニュータイプ」の表紙のコンセプトを決める会議で良悦さんが、

「セル画って本当に綺麗だよね」

と言ってくれたことに、我が意を得ました。先行するザテレビジョンに倣《なら》って、基本はキャラクターのバストアップ。セル画の美しさを徹底して追求しようと、表紙のコンセプトが決まりました。

実はペイントが得意なアニメーターはそんなに多くはいないのです。いつもは鉛筆でモノクロの原画を描いているので当然です。その原画こそがアニメーターの魅力を100%引き出せると確信していました。

そんな気付きを与えてくれた岡田斗司夫さんには、皮肉ではなく本当に感謝しています。

セルの彩色については、サンライズ作品だろうが何だろうがスタジオを越えて、中山久《なかやまく》美子《みこ》さんにお願いすることが多かったです。仕事が丁寧で、しかも早い。「ニュータイプ」にとって貴重な戦力でした。

セル画のクオリティアップにも試行錯誤しました。アニメーターの鉛筆線を熱転写でセルに写すのですが、どうしても細かいディテイルが出ない場合があります。「ニュータイプ」編集部の山津《やまつ》真祈子《まきこ》さんがリスマチックセルという素材を紹介してくれました。普通のセルではなく、透明なフィルムにアニメーターの原画を転写するシステムです。こちらは微妙な線のニュアンスまで拾える優れものでしたが、一方で彩色した色がややくすんで見えます。絵の特徴に合わせて、セルとリスマチックを使い分けて発注していました。

現在ではセルの生産がなくなり、ＰＣで着色されたイラストが主流です。美しく、微妙な濃淡が表現でき、羨ましさを感じます。

同世代のアニメーターたちからセル画のテクニックを教えてもらい、別の発注に役立つこともありました。

庵野秀明さんからは「ブック処理」や「ハイコン」などの技術を勉強させてもらいました。他の上手なアニメーターを紹介してもらうこともあり、人脈が広がりました。

北爪宏幸《きたづめひろゆき》さんや大森英敏《おおもりひでとし》さんが所属するスタジオの床で寝ながら、原画が上がるのを待つこともしばしば。

今ならデータで送れる画像や原稿を、足を運んで受け取りに行く時代です。原画の発注の打ち合わせをし、できあがった原画を彩色に持ち込む、完成したセル画を編集部に運び、ラフデザインを切ってからデザイン会社にレイアウトの発注をする。たくさんの工程を自分ひとりで行わねばなりません。

とはいえ、そのたびに人と出会って新しい勉強ができたのですから、いい体験でした。

「ニュータイプ」に来て変わったのはイラストに対する意識だけではありません。最初に意識したのは、ポートレート写真です。良悦さんから、インタビューカットひとつおろそかにしないよう、厳しく指導されました。

「アニメック」では経費節約のために編集者が自分で取材対象者の写真を撮っていました。フィルムの数も限られています。ところがザテレビジョンに来ると、会社専属のカメラマンが何人もいて、彼ら彼女らがいい写真を撮ってくれます。

最初の撮影は創刊号の別冊付録での、りんたろう監督。阿佐谷《あさがや》の並木道をバックに、今で言うイケオジ風の写真が撮れました。

驚いたのは、カメラマンが被写体を連写で撮ったことです。当時のカメラはデジタルではなく、フィルム撮影です。当然ながら枚数をたくさん撮れば、その分のフィルム代と現像費用がかさみます。ザテレビジョンでは、他のカメラマンもこうしてポートレートを連写で撮ることが普通でした。やはり会社の規模が違う、と実感しました。

それからは取材での写真撮影が楽しくなりました。セル画を発注する時と同じくらいポートレート写真の構図を考えるようになりました。特に気に入っているのが、創刊号の富野監督のインタビューカットや、創刊5号の押井守監督の写真です。押井監督には、雨の中、西荻窪の商店街を何度も往復してもらい、ムードのあるポートレートが撮影できました。

こうして良悦さんには、アニメックでは体験できなかった編集者の基本を、あらためて教えてもらいました。

一番印象に残っているのは、

「編集者は偏見を持ってはいけない」

という言葉です。

確かに、

「この作家が書くのはこういうタイプの作品。別のジャンルの作品を書くはずがない」

などと思い込んでしまうと、思わぬ大魚を逃すことになりかねません。

もっと大きな意味では、既存の印象にとらわれてしまうと、物事の本質を見失ってしまう、ということにも通じます。

先に書いた表現規制問題の本質も、マンガやアニメに対する偏見から始まっているのではないでしょうか。

「常に物事をフラットに見る」という指針は、今でも私の中で生きています。

創刊当時、悔しかったのは、一部の芸能事務所の対応です。

「ザテレビジョン」のバックアップがあったので、「ニュータイプ」では売り出し中の歌手やアイドルを誌面で取り上げることもありました。このころになると『アイドル伝説えり子』（1989年4月3日）でデビュー直後の田村英里子《たむらえりこ》さんの楽曲がふんだんに使われるなど、歌手やアイドルとのタイアップ企画も生まれてきました。「ニュータイプ」にも日髙のり子《ひだかのりこ》さん、太田貴子《おおたたかこ》さんなど、アニメと関係の深いアイドルは協力してくれました。

しかし中には、本人がアニメ好きだと語っても、事務所から、

「アニメやマンガが好きだとは書かないでくれ」

と注文が出ることがありました。アニメ誌には載らない、という人もいます。

アイドルがアニメやマンガが好きだと公言できる現代では考えられないかもしれませんが、1980年代はまだまだそんな感じだったのです。

現在の日本の音楽アーティストたちは、アニメとのコラボレーションや、自らがアニメ的なキャラクターとなって世界に打って出ています。日本語の楽曲が全米のビルボードでトップになるなど、昔では考えられませんでした。

もともとJ-POPのアーティストたちは才能が豊かです。アニメとコラボすることで、その才能が世界に届けられる。これは幸福な連動です。

アニメとJ-POPシーン、アイドルシーンとのコラボレーションは、今後もますます進んで行くと思います。

3・『ファイブスター物語』爆誕

創刊1周年の1986年3月。「ニュータイプ」4月号より『ファイブスター物語』がスタートしました。

『フール・フォー・ザ・シティ』でマンガ連載のノウハウを学んだ永野護さんは、いよいよその真価を発揮します。連載第1話の段階で物語が始まる前から最後までを記した年表を折り込みピンナップで掲載。良悦さんも私も気合を入れた体制で臨みました。

それだけ永野さんと『ファイブスター物語』に賭けていたのです。

永野さんの才能を世に送り出すのと同時に、『ファイブスター物語』を推すもうひとつの理由がありました。それはアニメ誌ならではの問題です。

1980年代当時、アニメ誌に載せる大手出版社の原作付きアニメにはページ制限がありました。

毎回2ページ。そして描きおろしのイラストや表紙はなし、です。ですから、オリジナルアニメで人気アニメがある時はいいのですが、そうでない時は苦しい時期が続きます。

このころは「週刊少年ジャンプ」の人気マンガのアニメ化が毎年人気を博していました。それがなかなか誌面で扱えないことに、もどかしさを感じていました。現在、「ジャンプ」の原作付きアニメが、アニメ誌の表紙を描きおろしセル画で飾るのを見ると、隔世の感があります。

そんな事情があり、人気オリジナルアニメがない時期でも雑誌を支える連載を強化したかったのです。『ファイブスター物語』に賭けるしかありませんでした。

通常15ページですが、連載第1話は増ページで、レッド・ミラージュと黒騎士の対決が描かれました。長い歴史物語の終盤、ハイライトシーンから始まることで、1話から人気が爆発しました。

それから他の雑誌に異動するまでの6年間、永野さんの担当を務めました。最初は椎名町の西武池袋線の線路沿いにある小さなアパートから始まって、『ファイブスター物語』の単行本が売れてからは雑司が谷のマンションに。締め切り時には朝と夕方、一日2回は足を運びました。

永野さんの面白いところは、

「若いころ天才でも、60歳を過ぎると面白い話が書けなくなる。だから今のうちにストーリーを書き溜めておくんだ」

と言って、ノートに綿密なストーリーを書いていたことです。ワイルドな見た目と違い、とても緻密な性格ですね。過去に描いた絵やマンガの原稿もきちんと整理して保管しているので、2024年に「永野護デザイン展」を行った時には、たいへん助かりました。

ストーリーの魅力はもちろん、何と言っても人物キャラクターとメカキャラクターの素晴らしさには目を見張るものがあります。凄いのは、デザインする時にラフ画が存在しないところです。どうやら頭の中に完成された立体物がすでに存在していて、それを手描きでアウトプットしているようです。

あの複雑な構造のメカニズムやコスチュームを、ほとんど迷いもなく描いてゆく。永野さんにとっては普通のことらしいのですが、常人に真似ができることではありません。

それを最初に痛感したのが「ニュータイプ」の1986年8月号で『ファイブスター物語』の別冊付録をつけた時です。モノクロではありましたが、膨大な量の設定資料を描き起こしました。現在のデザイン集『F.F.S.DESIGNS』の基になった企画ですね。

1988年4月号が発売された時、都内の大手書店の店頭に発売前からお客さんの列ができたそうです。店主が何事か、と見ていると、開店した瞬間にお客さんが「ニュータイプ」を買いに殺到したとか。ちょうどコーラス3世の最期のエピソード。単行本で言うと3巻のラストです。

余談ですが、よく『ガンダム』のザクというモビルスーツがアニメで初めて描かれた量産型のロボット兵器、と言われますが、そんなことはありません。

手塚治虫さん原作のテレビアニメ『ビッグX』(1964年8月3日)には、V3号という量産型の人型ロボット兵器が出てきます。そのエース機体が、主人公・昭《あきら》のライバル・ハンスの脳を移植した、通称・ハンスロボットです。この関係は、量産型ザクとシャアが乗るシャアザクの関係に似ています。これは私の妄想ですが、富野由悠季監督は手塚治虫さんの弟子ですから、少なからず影響を受けていたのではないでしょうか。

そして『ファイブスター物語』の主役モーターヘッドのひとつレッド・ミラージュのデザインは、このハンスロボットにインスピレーションを受けている、と永野さんに聞いたことがあります。3代に渡って、師匠と弟子の関係として、手塚治虫さんの遺伝子が受け継がれていると考えると、楽しくなりませんか？

『ファイブスター物語』はその後もずっと「ニュータイプ」の中核として連載が続きます。読者のみなさんもそうだと思いますが、2012年にロボットの総称が、モーターヘッドという名前からゴティックメードに代わった時は驚きました。ちょうど劇場アニメ『花の詩女　ゴティックメード』公開に合わせるタイミングでした。メカたちの名前だけでなくデザインも総とっかえ、とは。

永野さんにとっては、自分のなかで古くなってしまったデザインを描き続けることに我慢がならないのです。これ以前にも生体コンピュータであるファティマたちのコスチュームデザインを一新したりと、その兆候はありました。

そうした意味では、永野さんにとってはマンガという表現自体がデザインなのかもしれません。

『フール・フォー・ザ・シティ』を描いている時、永野さんが言っていたのは、

「アニメファンには分からない作品になるだろう。音楽に近いものになる」でした。

よく『ファイブスター物語』はマンガのセオリーを無視している、と言われますが、そもそも永野さんは、マンガの原稿自体をデザインと見ているのではないでしょうか。デザインであり、音楽。画面から音が聞こえてくる。

永野さんの原稿は、まさにそんなイメージです。

とにかく人生は一度きり。やりたいことは全てやりきる。それが永野さんのポリシーでしょう。

これを書いている2024年、『ファイブスター物語』でようやくヨーン・バインツェルがミラージュ騎士団に入り、宿敵デコース・ワイズメルとの決闘に挑もうとしています。ヨーンが将来ミラージュになる、という設定はすでに1986年に発表されています。38年越しで物語がここまでたどり着いたことになります。今後、どれほどたくさんのエピソードが紡がれるのでしょうか。楽しみはつきません。

4・「ニュータイプ」を支えた『Z』『ZZ』『逆襲のシャア』

「ニュータイプ」は映画『カムイの剣』に合わせて創刊されましたが、編集部としては同時期に放送がスタートする『機動戦士Zガンダム』（1985年3月2日）をフィーチャーすると決めていました。富野監督と良悦さんや私との関係は、これまでの蓄積があるぶん、強いものでした。

富野監督はプロ意識が強過ぎるほど強い人です。サンライズやスポンサーが求めるならば、無理筋でも、それに応えるのがプロだ、と考えているはずです。だからといってサンライズやスポンサーに従順ではない。オーダーに応えているのだから、それ以外のことは我を通してかまわないだろう、という人です。『ガンダム』の続編を望まれるなら、それをやって見せよう、というのが富野監督なりの意地の張り方なのでしょう。

しかし『Zガンダム』に対する既存の『ガンダム』ファンの反応は、芳《かんば》しいものではありませんでした

前作の放送終了から5年という月日は、続編としては間が空き過ぎ、二世代のファンを獲得するには短か過ぎます。ファンも5年分齢をとっていて、素直に続編を喜ぶ雰囲気ではありませんでした。

それでも、既存のファンから反感をかった新しい主人公カミーユ・ビダンは、その下の世代から支持されて、現代ではシリーズ屈指の人気キャラです。ニューホンコン編やグリプスを巡る戦いなど、後の世代によって評価されている好エピソードもたくさんあります。『Zガンダム』は、「ファーストガンダム」ファンの弟世代のために生まれた『ガンダム』だったのです。

作品はそれを視ていた世代と共に成長する。前出の『ウルトラマン』と『帰ってきたウルトラマン』の関係にも似ていますね。

続く『機動戦士ガンダムZZ』(1986年3月1日)は、『Z』とは打って変わり明るい作風でスタートしました。

『Z』から『ZZ』にかけては、富野監督が最高にピリピリとした時期でした。ガンプラの成功によって、もはや大スポンサーになったバンダイの注文は増すばかり。自分のプロフェッショナリズムと作家性の間で苦しんでいたのかもしれません。

『ZZ』が終わった時は憑き物が落ちたように、さっぱりした顔つきになっていました。

そして劇場アニメ『機動戦士ガンダム 逆襲のシャア』の制作がスタートします。一度気持ちをリセットしたからでしょう。富野監督は『Z』で生かしきれなかったシャアを敵役に据え直し、重層的な物語を構築しました。

『Zガンダム』の企画書タイトルが『逆襲のシャア』だったことは別のところでも書きました。あえて再び劇場版のタイトルに持ってきたのは、富野さんなりの『Z』の復讐戦だろうと推理しました。

『Z』のカツのポジションにブライトの息子ハサウェイを配し、カミーユのポジションは新ヒロインのクェスが担っています。そして、シャアを本来の敵役に戻し、いろいろ理屈をつけながらも、アムロと決着をつけるための戦いに収斂してゆく。

サンライズの周りでは『逆襲のシャア』で『ガンダム』シリーズを終わりにするという声も聞こえてきましたが、作品のヒットによりその後もシリーズは続くことになります。「ニュータイプ」でこれらのシリーズの記事を作るなかで、思わぬ転機が私に降りかかりました。

富野由悠季作品を角川文庫に集めるというプロジェクトです。

5・ライトノベル・レーベルはこうして生まれた

1987年の初夏だったでしょうか。水道橋のザテレビジョンにサンライズの福島《ふくしま》部長が訪ねて来ました。私がサンライズ寄りではなく、富野監督や永野さんなどスタッフ寄りの記事を書くもので、福島さんからはよく怒られていました。今回もその流れかと思っていると、思いもしない提案を受けたのです。

「朝日ソノラマと講談社にある富野監督の小説を、全て角川文庫に移したい」

これには驚きました。

富野さんは監督をやりながら同時にそのアニメの小説版を書いていました。このころの富野さんにはSF作家に憧れと同時にコンプレックスがありました。

1980年代のSFシーンでは、同じSFでも、小説がアニメより上位に位置していました。日本SF大会に行っても、一番偉いのはハードSFファン、次が一般的なSFファン、アニメを視るファンはその下、一番下が『ペリー・ローダン』ファンというヒエラルキーがありました。価値観を相対化するのがSFの本質のはず。そんなSFというジャンルの中にもヒエラルキーがあるという現実に、辟易《へきえき》したのを覚えています。

小説の舞台で世の中に認められたい、と富野さんが強く思ったのは、そうした空気を感じていたからかもしれません。

すぐに歴彦専務にこの提案を伝え、文庫の担当になりたいと、かって出ました。

富野さんの文庫を出せるのであれば、これまでの角川文庫とは違うものにしたい、というのが歴彦さんの考えでした。ふんだんにイラストを入れて口絵も充実させたい、というオーダーです。美樹本晴彦さん、末弥《すえみ》純《じゅん》さん、佐野《さの》浩敏《ひろとし》さんらに声をかけ、イラストのイメージを固めました。緑帯の角川文庫と差別化を図るため、カバーに青いラインを引いて、視覚で認識できるようにしました。通称・青帯の誕生です。

「ニュータイプ」と同時並行で文庫の編集をしていましたが、良悦さんからは、

「本社に利用されるだけだぞ」

と怒られました。確かに当時は連結決算での評価軸がないからタダ働き。「ニュータイプ」の収益にはなりません。それでも仕事が楽しかったのと、角川全体の利益になるからいいじゃないか、と考えていました。

「ニュータイプ」で『ガンダム』をはじめとした富野作品の文庫化が進むのと同時に、角川書店のもうひとつの子会社「メディア・オフィス」にも動きがありました。同社の雑誌「コンプティーク」の人気企画、テーブルトークRPG『ロードス島戦記』の「リプレイ」を小説化する企画です。「リプレイ」は、テーブルを囲んでゲームしている様子を誌上で再

現するものですが、それを小説にし、角川文庫に入れるという発想です。後にライトノベルと名がつく小説群の第1号です。

これも余談ですが、最初に作者の水野良《みずのりょう》さんが書いた原稿は、「リプレイ」の会話の味を強く出したユーモラスなものだったといいます。それを読んだ「コンプティーク」編集者の吉田隆《よしだたかし》さんが、全ボツにして、書き直しを要求したそうです。もし初稿のまま進んだら、ライトノベルの歴史は、今と違ったものになっていたかもしれません。

RPGの約束事を押さえたうえで、小説として完成度を高めた水野さんの『ロードス島戦記』は1988年4月10日に発売され、大ヒットを記録します。

『ロードス島戦記』の2巻のあとがきを読んだ時には驚きました。作者の水野さんは、物語の中で主人公のパーンとディードリットの実力が上がっているのは、ゲームで言うレベルアップを果たしたからだ、と書いています。これまでの小説家とは全く違う発想でキャラクターを書いている。新世代の作家が現れた、と感じました。そして、そうした新世代の作家こそが、ライトノベルを作り上げてゆくのです。

富野さんの『機動戦士ガンダム』全3巻は、それに先立つこと半年、1987年10月に発売されました。実は富野作品の角川文庫化は『ガンダム』が初めてではありません。1986年8月に行われた角川文庫「ファンタジーフェア」に合わせて刊行された『ファウ・ファウ物語《リストリー》(上)』が最初です。これは「ニュータイプ」創刊号から連載されていた小説で、私が担当していました。

「ファンタジーフェア」のころはまだ全体の方針が固まっておらず、赤川次郎《あかがわじろう》さんや片岡《かたおか》義男《よしお》さんら、当時若者に人気の作家もフェアに参加していました。ファンタジーだけでなく青春小説も混じっていたのです。

『ガンダム』と『ロードス島戦記』のヒットがあり、青帯は一気にアニメ・ゲーム系の作家を押し出すよう舵を切ります。そして1989年8月に青帯は「スニーカー文庫」としてレーベル化されています。スニーカーという若者文化を象徴する名前がついたところに、まだ「ファンタジーフェア」の名残を感じます。

話は遡りますが、一般の角川文庫と青帯を差別化する時のこと。角川文庫の営業部員に、青帯の特徴を説明しなければなりません。

歴彦専務が主催して、営業部員を集めた会議が開かれました。私がイラストを多用するとか、アニメ・ゲーム界から新しい作家を見つけていくのだと説明しても、文芸を売ってきた古参の営業部員にはさっぱり響きません。彼らにはどうしても青帯というものがイメージできないのです。世代によって理解度がこんなにも違うのか、と困り果てている私を見て、歴彦専務が一言、

「要するに立川文庫だよ！」

と声を発すると、古参の営業部員たちは、ああ！　と言う感じで腑《ふ》に落ちたのです。

立川文庫とは講談の語り口を文字起こしして文庫化したものです。講談社が生まれたのも講談本を出版したからで、それと同様のコンセプトです。

古参の営業部員たちは、講談をアニメやゲームに置き換えたものだ、という説明で納得してくれました。

この時学んだのは、世代が違う人やジャンルを知らない人に対して、その人に合わせた説明の仕方を工夫するということでした。

富野さんの文庫に話を戻します。青帯第1号となった『機動戦士ガンダム』の発売が1987年10月。『機動戦士Zガンダム』の発売が同年11月。1988年3月公開の『逆襲のシャア』に合わせて、同年2月に『機動戦士ガンダム　逆襲のシャア－ベルトーチカ・チルドレン』が発売されました。

実は『逆襲のシャア』の小説は「アニメージュ」に『ハイ・ストリーマー』というタイトルで連載されていました。私が「ニュータイプ」の編集や青帯の刊行準備に忙しく、間隙を突かれてしまったのです。せっかく富野作品を文庫化しても映画公開時にタイトル作品がないと、いかんともしがたい。泣く泣く富野さんに相談すると、映画の準備稿である『ベルトーチカ・チルドレン』を超高速で書きおろしてくれました。

『逆襲のシャア』の準備稿ではアムロが父親になるという設定がありました。当時の関係者たちは、アニメの主人公が父親になるのはダメだろうと注文を出し、この設定は見直しになりました。まだ『ドラゴンボール』で孫悟空《そんごくう》の息子の孫悟飯《そんごはん》が登場する前の時代です。

現在のファンの方々には信じられないでしょうが、ヒーローが子供を作ることがタブー視されていた時代があったのです。

『ベルトーチカ・チルドレン』を加えて、映画公開と同時に行った「富野由悠季　ガンダムフェア」は大成功し、青帯は角川文庫のなかで席を確保します。そしてスニーカー文庫創刊につながります。

スニーカー文庫と同時期に、角川書店の子会社のひとつ富士見書房《ふじみしょぼう》にも新レーベル創刊の動きがありました。もともとは角川春樹社長が１９８６年年末に、富士見書房に伝奇小説の新レーベル立ち上げの指示をしたことが発端です。

前出の「ファンタジーフェア」で田中芳樹《たなかよしき》さんや火浦功《ひうらこう》さんを担当した編集者が、春樹社長の提案に対し、若手中心のＳＦファンタジー系レーベルの創刊を提案します。それが「富士見ファンタジア文庫」に発展します。

創刊時の作家は田中芳樹さん、竹河聖《たけかわせい》さん、ひかわ玲子《れいこ》さんなど、担当編集者の人脈が色濃く出ています。スニーカー文庫の著者がアニメ、ゲーム系が多かったのに対し、純ファンタジー小説志向がうかがえます。

ファンタジア文庫の創刊は１９８８年11月ですが、ここではひと悶着ありました。

創刊前の9月ころでしょうか。突然、当時の角川書店文芸系のトップから呼び出されました。すでにザテレビジョンと本社編集部の橋渡し役のようになっていたので、何かの緊急会議かと思って、当時本郷に居を移していた本社に出かけました。

会議室に入ると、ファンタジア文庫の責任者が、本社の編集者たちに囲まれて、被告席に立たされているみたいになっています。

ファンタジア文庫編集部は人気イラストレーターを呼び込むために、イラストレーターにも印税を発生させようとしていました。本社の編集者たちは、角川文庫全体にその流れが波及することを恐れて、ファンタジア文庫に方針撤回を求めるよう会議を開いたのです。私が呼ばれたのは、自分たちの味方にして、ファンタジア文庫の方針撤回に加勢させようという彼らの目論みでした。

これには参りました。私にはファンタジア文庫編集部の気持ちがよく分かったからです。子会社とは言え、角川書店のようなネームバリューのない富士見書房が新レーベルを立ち上げるには、有力なイラストレーターを確保したいでしょう。したがって、ファンタジア文庫への追及には加わらず、事態の推移を見守るというスタンスを取りました。

文芸のトップは執拗に責め続けます。

1時間もそんな展開が続いたでしょうか。最後はファンタジア文庫の担当者が、

「だって新しいことを始めるんだから、新しいことをやらなくちゃダメじゃないですか!」

と言って、ハラハラと男泣きに泣いたのです。

文芸のトップがどうするのかと見守っていると、なんと溜飲《りゅういん》を下げたように、それで会議はお開きになりました。結論を出すためでなく、彼のサディズムを満足させるために開かれたような会議でした。

とは言え、あそこで担当編集者が泣かなかったら、ファンタジア文庫、ひいてはライトノベルの歴史が変わっていたかもしれません。

そもそも本社の文芸部門には疑問がありました。

前述の「ファンタジーフェア」を行う時に、田中芳樹さんの『アルスラーン戦記』の表紙イラストを天野喜孝さんに頼みたいから紹介してくれと頼まれました。文芸や装丁のベテラン勢を連れ、横浜の天野さんの事務所まで行きました。

無事天野さんのOKをもらいましたが、文芸のトップからはその後、感謝の言葉ひとつもありません。完全に子会社を下に見ているな、と憤りました。

彼にはスニーカー文庫がなぜ成功したのか理解できないようでした。

1989年、会川《あいかわ》（現・會川）昇《しょう》さんの『ガンヘッド1　銀光の狂獣』が同作の映画に合わせて発売され、瞬く間に初版15万部が売れた時、

「井上く～ん、なんでこんなに売れるのぉ。教えてよ～」

と、いやらしく聞いてきたので、思い切り無視してやりました。

6・角川歴彦専務追放と角川春樹社長逮捕

1987年に良悦さんが会社を辞めてしまったため、それまでのフリーの立場から正社員に登用されました。以後、1991年5月まで「ニュータイプ」を担当しました。91年5月からは女性誌「PEACH」に異動します。歴彦専務からの命は、毎月2000万円生じている赤字を1年で黒字にしろというものでした。当時「ニュータイプ」は大きな黒字を出していたので、その腕を買われた、と言えば聞こえはいいですが、実際は私の前に打診された他誌の編集長が固辞したために、お鉢が回ってきたのです。

「ニュータイプ」を去るにあたり、編集者やアニメ関係者が市谷の「朱鷺《とき》」という店で4月27日に送別会を開いてくれました。そのころ「anan」の「セックスできれいになる。」という特集が話題を呼んでいたので、締めの挨拶で、

「私が行くからにはPEACHもアニメ誌です。特集は『ガンダムできれいになる』です」とやったところ、大いに受けました。

しかし実際に女性誌を担当してみると、これまたアニメやマンガなど相手にされない世界で、早々に自信を失いました。

最近では、集英社の女性誌が少年ジャンプ系のアニメを特集するのはもちろん、マガジ

ンハウスの「anan」までが『呪術廻戦』の五条悟《ごじょうさとる》を表紙にするのですから、時代が変わったと感慨深いです。

いろいろ工夫して赤字を月600万円まで圧縮しましたが、1年での黒字化を達成できず、「PEACH」は休刊の運びとなりました。編集者人生で初の挫折でした。

すぐさま後継誌として、当時売れていた「東京ウォーカー」をロールモデルにした雑誌の創刊準備に入りました。

そんな矢先、大事件が勃発します。なんと、我々ザテレビジョン社の社長であり、親会社・角川書店の専務である角川歴彦さんが会社を去ってしまうのです。兄・春樹社長との確執が生んだ、事実上の追放でした。

当時、角川書店本社とのつなぎ役は前出の井川浩さんが行っていました。ある日、本社から帰ってくると、

「本社がザテレビジョンの社員を全員編集長にすると言っている。今社員は70人いるから、雑誌70誌構想だ」

などと告げてきました。歴彦専務傘下だったザテレビジョンの社員を味方につけようというのでしょうが、全員編集長になったら現場はどうするんだよ、と突っ込みたくなりま

した。そもそも雑誌というものは読者のニーズがあって成立するものです。いくら当時雑誌が売れているからといって、夢物語に他なりません。

井川さん抜きで、夜な夜なザテレビジョン各誌の編集長が写真室に集まって、対策会議を開きました。なぜ写真室かというと、写真室の高橋康昭《たかはしやすあき》室長が総務の取りまとめ的な役割をしていたのと、井川さんが絶対に来ない場所だからです。

「角川書店から離れて、自分たちの会社を作ろう」

というのが結論でした。編集長といっても皆30代。若く、血気盛んでした。

そんな矢先、また事件が起こりました。メディア・オフィスの社員が全員、一夜にして退社してしまったのです。１９９２年9月末のことでした。

彼らに先に動かれてしまった。こうなると、ザテレビジョンの人間まで辞めてしまっては、社会的な道義を問われます。取次や書店など、業界からの批判が私たちに向くのは明らかでした。仕方なくいったん矛を収めて、角川書店に残りました。

株式会社ザテレビジョンはやがて本社に吸収合併され、その存在は消え去りました。

「PEACH」の後継誌「ChouChou」は１９９３年3月24日に創刊。等身大で役に立つ女性情報誌を目指しました。バブル崩壊後の創刊誌で一番の勢い、という評価を出版業界紙からもらい、なんとか「PEACH」での挫折を乗り越えることができました。

「ChouChou」の創刊編集長として忙しい日々を送りながらも、私のなかではアニメへの想いが再燃し始めました。

「ニュータイプ」から異動する直前、初めてアニメに出資をする体験をしていました。大友克洋《おおともかつひろ》さんシナリオ、北久保弘之《きたくぼひろゆき》監督『老人Z』（1991年9月14日）です。その完成を見る前に異動したのが、心残りでした。アニメに関わりたい、という思いが強くなったのです。

実は前年の1992年末、会社を辞めることができなくなり迷っていた時です。バンダイビジュアルの渡辺繁《わたなべしげる》プロデューサーと呑んでその話をしたところ、

「いまバンダイビジュアルには宣伝プロデューサーを統括する人間がいないから、うちに来ないか？」

という誘いを受けました。その夜のうちに、笹塚のマンションの一室に連れ込まれます。

そこには樋口真嗣《ひぐちしんじ》さん、前田真宏《まえだまひろ》さん、山口宏《やまぐちひろし》さんがいて、新しい『ウルトラマン』の企画を準備中でした。それが翌1993年12月5日にビデオリリースされる『ウルトラマ

ンパワード』です。前田さんが描くリファインされたウルトラ怪獣のカッコよさに痺れました。

「この作品の宣伝プロデューサーをやってみないか」

という渡辺さんの誘いにときめきました。ですから、「ChouChou」をやりながらも、タイミングを見てバンダイビジュアルに移籍しようとしていたのです。

1993年の夏には、新企画の仕込みも始まりました。なんと本家『ウルトラマン』のデザイナー成田亨《なりたとおる》さんのオリジナルデザインのヒーローものを、テレビシリーズでやろうというのです。

開発タイトルは『ネクスト』。成田さんが描いた新ヒーロー・ネクストは、ボディが黒と金色、顔の目に当たる部分が鋭いエッジで構成されたデザインで、ウルトラマンの逆の要素で成り立っています。このデザインは羽鳥書店《はとりしょてん》の『成田亨作品集』に収録されているので、関心がある方は見てください。その時点で金色に輝くヘッドマスクまで作られていました。

ネクストのデザインの美しさに惚れ込んで、企画の実現を夢見ました。

毎週土曜の午後に蔵前のバンダイビジュアルに集まり、企画会議をしました。メンバーは樋口真嗣さん、前田真宏さん、伊藤和典《いとうかずのり》さん、渡辺さんと私。一度だけ成田さんも参加しました。

ある時、会議後の飲み会で伊藤さんが、

「今度ガメラ映画の脚本を書くことになった。ガメラの本質はなんだろうか」

とたずねてきました。私は、

「ガメラは基本的に３本勝負。最初はやられて血を流すけれど、３本目で逆転する」

と答えました。

この映画が、１９９５年3月11日に公開される『ガメラ　大怪獣空中決戦』になります。この企画会議に参加していた樋口さんが特撮監督になるので、ある意味『平成ガメラ』スタッフのルーツはこの会議にあったのかもしれません。

恒例の企画会議が終わり、土曜の夜10時ごろに帰宅した8月28日のこと。角川春樹社長が荻窪の自宅から警察に連行される場面がテレビで生放送されました。数日前に社のカメラマンが麻薬保持で逮捕されていましたが、それに社長が関与していたというのです。翌29日には麻薬及び向精神薬取締法違反などで、春樹社長は千葉県警に逮捕されます。

社内は大荒れになりました。そのころザテレビジョンのあった四谷坂町は平穏でしたが、本郷の本社ビルの前はマスコミで溢れかえっています。連夜のように組合主導の対策会議が行われ、私もザテレビジョン代表として加わりました。春樹社長はカリスマ経営者として知られていましたので、組合員のなかには、

「もう会社が潰れる」

と泣く者もいました。私が、

「社長が逮捕されたくらいで潰れる会社なんて、どのみち碌《ろく》なものじゃない」

などと言うと、組合員から睨まれました。ザテレビジョンにいるものからすると、100万部の週刊誌を2誌、ジャンル・ナンバーワン雑誌を多数抱えているのですから、読者が見放すはずはない、と確信がありました。事実、雑誌の売れ行きにはまるで影響がありませんでした。

ちなみに私が発したセリフは『ファイブスター物語』のなかでコーラス3世が語ったセリフのもじりです。こんな非常時にも担当作品の引用をしてしまうとは、徹底的にマインドが「おたく」なんですね。

その後秋になり、大ニュースが舞い込みます。追放され、メディア・オフィスの社員たちと新会社メディアワークスを立ち上げたばかりの角川歴彦さんが、新社長として角川書

店に帰ってくるというのです。

個人的にはまずい事態になりました。「ChouChou」を成功させたのを置き土産にして、バンダイビジュアルに移籍しようとしていた矢先です。このまま辞めたら私の方が歴彦さんに対して裏切者になってしまう。自分の生きざまとして、それは許せないものでした。とは言え渡辺さんは席を空けて待っています。

困り果てて歴彦新社長に事情を説明すると、

「分かった、それは僕がジャッジする。とりあえずは角川に残れ」

という粋な答えが返ってきました。要するに角川に残して、もし役に立たないと分かったら、バンダイビジュアルに出すということですよね。こうしたチートなアイデアが出るのが、歴彦さんの面白いところです。

渡辺さんには事情を話し、納得していただきました。

新企画『ネクスト』も、いつの間にか立ち消えになってしまいました。

こうして角川に残った私は、「ChouChou」編集長を兼務しながら、マンガ誌創刊という新たなミッションに向かうことになります。

7・「少年エース」創刊と『新世紀エヴァンゲリオン』劇場への道

角川書店初の少年マンガ誌「月刊少年エース」創刊は、車《くるま》田《だ》正美《まさみ》さんがきっかけです。車田さんは『リングにかけろ』『聖闘士星矢《セイントセイヤ》』などのヒット作を持つ「週刊少年ジャンプ」の看板作家でした。当時「ジャンプ」編集部との距離が遠くなっていて、角川が接触できたのです。

実は車田さんとは初対面ではありません。「アニメック」時代、「車田正美原画展」を行ったことがありました。「アニメック」に出入りしていた車田さんのファンクラブ「神輪《しんわ》会《かい》」会長の桑原忍《くわはらしのぶ》さんが、

「原画展をやりたいけれど、神輪会は中高生しかいないので、集英社のOKが出ない。井上さん、成人しているんだから、あなたのハンコで原画を借りてよ」

と頼んできました。「週刊少年ジャンプ」編集部の鈴木晴彦《すずきはるひこ》さんに許可をもらい、『リングにかけろ』の原画展を新宿文化センターで行いました。車田さんとはその時に何度かお会いしていましたので、縁を感じました。

ちなみに桑原さんは、その後「ニュータイプ」の編集者になります。新人マンガ家だったCLAMPさんや岡崎武士《おかざきたけし》さんを角川書店に紹介して、増刊「コミック GENKi」を担

当。「少年エース」創刊の礎を築きました。

1994年2月2日、車田さんにご挨拶しました。車田さんは、

「王道少年マンガのジャンプと、おたく路線の角川が組む。これは薩長同盟だ！」

と熱く語りました。

車田さんが描く『B'TX《ビートエックス》』を看板作品に、角川初の月刊少年マンガ誌の創刊に向けて動き出します。まずは編集者集め。社内にマンガ編集者がほとんどいないので、様々な伝手《つて》を頼ってフリーの編集者に声をかけました。同時にマンガ家に執筆依頼をします。

当然ながら将来的に『B'TX』のアニメ化を目論んでいました。ただ、オリジナル作品なので原作がたまるには時間がかかる。少しでも早くアニメとリンクした作品を作りたかった私は、企画進行中のオリジナルアニメに的を絞って企画を探しました。頭の中には、「アニメ企画」という手法がありました。

私が中学生のころに流行ったやりかたで、制作会社やテレビ局が、アニメの企画をマンガ家と一緒に開発し、放映と同時にマンガ連載が始まるというものです。永井豪さんの『マジンガーZ』（1972年12月3日）や『デビルマン』（1972年7月8日）などが「アニメ企画」の

代表です。

この「アニメ企画」を参考に、放送前のオリジナルアニメのマンガ化を促進しました。言わば「ニュータイプのアニメ企画」です。

その結果、『マクロス7』（1994年10月16日）放映に合わせて美樹本晴彦さんの『マクロス7 トラッシュ』などが創刊号の連載に間に合いました。本編とは別の主人公を立てたスピンオフですが、当初はヒロインのミレーヌの姉を主人公にした7人姉妹の話、なんていうアイデアもありました。

『天空のエスカフローネ』（1996年4月2日）の場合は放送がまだ先でしたので、準備稿のストーリーとデザインを基に、克《かつ》・亜樹《あき》さんにマンガ化していただきました。

アニメ企画ではありませんが、『機動戦士クロスボーンガンダム』も創刊号からの連載です。続編の構想がありながらも劇場版1作のみで終わってしまった『機動戦士ガンダムF91』の主人公シーブック・アノーのその後を読みたいと富野監督にお願いして実現しました。少年誌ということもあり、主人公はトビア・アロナクスという少年キャラを新たに設定し、シーブックは名を変えて、トビアのメンターとして登場します。

モビルスーツの主人公機クロスボーンガンダムは、どうしてもコアファイターを復活させたかったので、カトキハジメさんに相談しました。カトキさんは、ガンダムと合体時にスラスターがX字型に展開する、素晴らしいデザインを上げてくださいました。

実は「ニュータイプ」時代、スニーカー文庫の書き下ろし小説『閃光のハサウェイ』と、発想はまるで同じです。『逆襲のシャア』の後、宿業を背負った13歳の少年ハサウェイがその後どんな人生を送ったのか、どうしても知りたかった。あの時も富野さんにお願いして小説を書き下ろしていただきました。

『クロスボーンガンダム』はその後、富野さんや私の手を離れて、マンガ担当の長谷川裕一《はせがわゆういち》さんのものになっていきます。長くゲームやガンプラの世界で人気キャラクターとして愛されている、幸せな作品ですね。


この前年、ワンダーフェスティバルの会場で庵野秀明さんと偶然お会いしました。その時、庵野さんが新作を準備中だという話を聞いて、よきタイミングで見せてほしいと頼んだのです。

企画書ができたという知らせを受けて、キングレコードに赴きました。キングレコードの大月俊倫《おおつきとしみち》プロデューサーに見せられたのが『新世紀エヴァンゲリオン』の企画書です。

「これはアニメの流れを変える作品になる」

そう直感しました。ＳＦマインド溢れる世界観。なんといっても貞本義行《さだもとよしゆき》さんのキャラクターデザインが光っていました。特にヒロイン・綾波《あやなみ》レイの、包帯と眼帯をしているデザイン画にやられました。思春期の少年少女の心の痛みを、見事にビジュアルで表現している。これはすごい作品になると思いました。

その後、庵野監督自身が企画書を持って、少年エースの編集準備室にやってきました。貞本さんがマンガを描くことになったとのこと。これは願ったりかなったりの展開でした。貞本さんには「ニュータイプ」時代に短編の連載を2作お願いしていたので、マンガの実力があることは分かっていました。その場で庵野さんに少年エースでのマンガ連載の約束をしました。創刊1、2号は車田正美さんの『B'TX』を大々的に推すことが決まっていました。創刊3号で『エヴァンゲリオン』の新連載をスタートしよう、その方が連載開始に弾みがつくから、ということも話しました。

庵野さんは、ニュータイプの表紙を3回もらえないかとも言いました。これも私にとってはうれしい提案です。『エヴァンゲリオン』が放送開始となる1995年10月に先駆けること半年前、3月10日発売4月号のニュータイプで『新世紀エヴァンゲリオン』は早くも表紙を飾ります。

それだけ『エヴァンゲリオン』には期待していたのです。

1994年10月26日、「少年エース」創刊。

このころは角川書店の雑誌事業部3課の課長に任命されていましたので、「ニュータイプ」など他の雑誌を見ながらも、ひたすら「エース」発のマンガを成功させるべく駆けまわっていました。特に力を入れたのは、連載作品を単行本化するコミックスです。

大手出版社のコミックスは雑誌扱いコミックスと言われ、取次の雑誌流通経路を使っています。大部数のコミックスを扱うには、全国にまんべんなく流通する雑誌扱いが有利です。

ただ、角川書店が雑誌扱いコミックスを選択するには弱点がありました。角川は戦後に生まれた出版社です。大手出版社と違い、取次の販売掛け率が低く設定されています。書籍もそうですが、雑誌にいたっては、さらに掛け率が低いのです。ですから、大手と同じ雑誌扱いでは利益が薄く、いずれ立ち行かなくなると予想しました。

それで「少年エース」から出る「角川コミックス」はB6判書籍扱いにしようと決めた

のです。

雑誌扱いのように全国広くは撒《ま》けないけれど、綿密な販売計画に基づいて配本が可能です。

角川のマンガにはその方が適していると判断しました。

「少年マンガのコミックスで書籍扱いなんてあり得ない。絶対に失敗する」とベテランの編集者から言われましたが、この選択は間違っていませんでした。もっとも『新世紀エヴァンゲリオン』のコミックスが売れまくった時は、

「なぜうちの店に配本がないんだ」

と、一部の書店からお叱りをいただいてしまいました。

１９９５年から１９９７年の手帳を見返すと、マンガはもちろん、アニメに関する仕事が急増しているのが分かります。

『B'TX』のアニメ化に向けては創刊翌年の95年から着手しています。８月７日には代理店とテレビ局の放送枠についての打ち合わせ。３日後の10日には早くも１話の絵コンテがアップしています。１９９６年10月までにテレビアニメを実現させる、との合言葉のもと、企画を進行させました。

競合誌との生き残り競争や、なんと言っても雑誌を軌道にのせるためにアニメ化を急いでいました。車田正美さんも毎月かなりのハイペースで原稿を上げてくれたのはありがたかったです。

この時代には、かつて東映動画の名プロデューサーだった田宮武《たみやたけし》さんに加え、同じ東映動画出身の横山正夫《よこやままさお》さんも角川書店に移籍し、アニメの自社開発の基礎を固めていました。社内に開発能力があることのメリットを実感した時期で、これが後にアニメ事業発展のスタートアップになります。

1995年10月4日からテレビアニメがスタートした『新世紀エヴァンゲリオン』は社会現象になるほどの大ヒットになりました。ラスト2話が異例の展開だったこともあり、それが普段アニメに無関心だった層の注目を集めるという現象を起こします。まだ若手アーティストだった村上隆《むらかみたかし》さんが『エヴァンゲリオン』に注目したトークショーを開くなど、美術界や音楽界を巻き込んで、ジャンルを超えたムーブメントが起こりました。

ラスト2話で描き切れなかったストーリーを劇場アニメにしようとなったのも、放送終了からさほど間もないころでした。1997年3月15日公開を目指し、1996年11月8

日に制作スタッフの打ち入りが行われました。大晦日には今はなき新宿ミラノ座にファンを集め、映画の前祝いイベントで年を越しました。

ところが1997年2月。バレンタインデイの数日前、大月さんから電話がかかってきました。

今回の映画では完結しないというのです。

たいへんなことになりました。映画の配給は東映と東急《とうきゅう》にお願いしています。春休みの番組に穴をあけてしまったら責任問題です。すぐに歴彦社長に相談しようと、大月さんとふたりで銀座の東武ホテルのロビーに出向きました。事情を聞いた歴彦社長は、詳しい制作状況を知ろうと、庵野監督との会議を設定するよう命じました。

すぐに会議が設定され、庵野監督が、歴彦さんに状況を説明してくれました。

「春はどうやっても途中までしかできない。夏なら最後まで間に合うと思う。既に前売り券を発売しているので、春の公開延期はできそうにない。前売り券をどうするかが、最大の問題。自分としては払い戻しか、同じ前売り券で夏も観られるようにしてほしい」

庵野さんと大月さんは、春はできあがっているところまで公開し、夏にラストまでできあがった映画を公開するという2段構えの映画公開案を提案しました。歴彦社長はそれを了承します。

なるほどその手があったか、と感心しましたが、果たしてファンや配給が納得するかは分かりません。

歴彦社長はすぐに配給サイドに連絡し、この方針を伝えました。

一般に告知するために、急遽記者会見を開くことになります。会見の前夜は歴彦さんのスピーチライターとなり、徹夜で会見の草稿を書いていました。当日は、

「もしもこの会見で東映や記者たちを怒らせたら、自分のキャリアは終わりだな」

とまな板の鯉のような気持ちで、会見の舞台を袖から見守っていました。

会見場で歴彦社長が上映方針を告げると、意外や意外。紛糾するかと心配していた記者会見場が、みるみるうちに温かいムードに包まれていきます。

会見が終わり、ざわざわと記者たちが帰路につきます。「アニメージュ」の渡辺隆史《わたなべたかし》さんを見つけて、どうだった？　と聞くと、

「いやぁ、最高のバレンタイン・プレゼントだよ！」

と喜んでいます。そうか、みんな『エヴァンゲリオン』が終わってほしくなかったんだ。少しでも楽しみが先延ばしできたことを喜んでいたのです。

生き延びることができた、と思いました。

こうして映画は、3月15日に『新世紀エヴァンゲリオン劇場版　シト新生』として封切られました。ストーリーが途中までにもかかわらず、劇場には多くのファンが押し寄せました。

そして7月19日にはストーリーを最後まで描いた『新世紀エヴァンゲリオン劇場版　Air／まごころを、君に』が公開され、春を上回る動員を記録したのです。

8・メディアミックスの本質とは

この時代、アニメ製作に関わる企業がどこから収益を上げていたかというと、メーンは映像記録媒体であるレーザーディスク（LD）の売り上げです。2000年代になると、DVDやブルーレイがLDにとって代わります。

ただし、こうした円盤を買えるのは成人してお金にゆとりのある世代からです。中高生が買える価格帯ではありません。中高生に手が出せるのは、音楽CD、コミックスや文庫、そしてプラモデルです。

ですから、この時代に覇権を取ることができた製作会社は、キングレコードやビクターのような音楽部門を持つ企業、角川書店のように出版部門を持つ企業、バンダイビジュアルのように関連会社にプラモデルなどのグッズ製作・販売部門を持つ企業でした。純粋に円盤の販売だけの企業は、安定した収入が得られなかったと思います。

私が出版と映像のメディアミックスを重要視するのも、企業としてひとつの作品の力を最大限に伸ばしたいと考えたからです。

角川書店であれば、書籍や雑誌がアニメの映像記録媒体に付加価値を与え、映像側も原作であるマンガや小説を積極的にアニメ化する。そうすることによって、出版と映像がお互いを支え合い、共に発展していける。

原作の読者やアニメファンは、自分たちが好きな作家や作品を応援するために、書籍や映像記録媒体を手に取ってくれる。いまならそこにイベントやコンサート、映像配信、グッズ販売、聖地巡礼などが加わってきます。

メディアミックスの輪が回ることで、別のジャンルにしか興味がなかった、新しいファンが加わってきます。ファンもまた未知の楽しみに出会います。輪がどんどん大きくなり、スピードも上がってゆく。

こうした循環を作り、ファンを増やしていくことが、メディアミックスの楽しさなのだと、このころ実感しました。

出版部門の視点からメディアミックス効果をながめてみましょう。

普通の文芸出版社ですと、その年にベストセラーが出るかどうかで業績が大きく左右されます。

いわば、これは点です。

毎年安定した業績を上げるにはどうするか。マンガのように、巻数ものを増やす。すなわちヒットシリーズを作るのです。

そうすると、点が線になります。1次元のビジネスモデルができました。

この線を面にするために、映像化などの力を借りる。

これで面、すなわち2次元のモデルになります。

さらに映像を基にゲームや舞台、グッズなどの創作物を足していくと、収益構造が立体（キューブ）になります。

3次元のモデルができあがりました。

こうして作品の魅力を多面展開するキューブ（立体）を作っていくのが、メディアミックスです。これをキューブ理論と呼ぶことにします。

この時代の私は、1次元を3次元にすることがメディアミックスの完成形だと思っていました。後にKADOKAWAで専務取締役になり、出版と映像を統括するようになった時、これでは次元の数が足りないと気がつきました。

3次元を4次元にできないか。すなわち、「時間」という概念を持ち込めないか。作品が読者やユーザーに届く時間を可能な限り短縮する。作品に触れていただく時間を可能な限り増やす。作品のロングライフ化を推進する……。

映像であれば、映像配信、書籍であれば電子書籍。インターネットやSNSで作品の情報を全世界に同時に届ける……。

こうした新しいテクノロジーが、現代ではメディアミックスの4次元化を実現してくれます。

4次元化については、3次元のキューブを回転させるビジュアルをイメージしてください。

9・デジタル化でジェンダーを超えるメディアミックス

ここまでメディアミックス論を語ってきたので、時代は下りますが、現在のメディアミックスの特徴にも触れておきましょう。

一言で言えば、作品のジェンダーレス化。そしてロングライフ化です。

そして、それを引き起こしているのは、デジタル化に他なりません。

かつてマンガ雑誌は少年向け、青年向け、シニア向けと明確に対象年齢が分かれていました。また、少年誌、少女誌のような分け方もありました。(いや、現在でもそれぞれの雑誌は存在するのですが)

電子書籍時代になり、マンガの読者を男女に分ける意味は希薄になっています。

男性向けであろうが女性向けであろうが、読者は面白いものであれば自由に購入しています。これはネット書店や電子書籍の普及による効果です。書店店頭で少女マンガレーベルを差し出すのに気おくれする男性読者も、オンライン上であれば気軽に購入できます。

女性が少年マンガを購入する文化は紙の時代からありましたが、デジタル化でこの流れが加速したのは間違いありません。今や、かつて少年マンガと呼ばれていた作品の半数は、女性が支持しているのではないでしょうか。

この現象は、マンガ原作をアニメ化するメディアミックスにも、大きな影響を与えています。

DVDやブルーレイなど映像パッケージの販売がアニメ製作会社の主たる収入だった時代には、コレクター気質が高いとされていた男性中心の企画が通りやすい傾向が続きました。

映像配信の売り上げがメーンになった現在では、この傾向に変化が現れました。

定額制のサブスクリプション・モデルは、映像パッケージに比べると、はるかに購入のハードルが下がります。気軽に映像を観られる環境が、映像化される企画にも影響を与えます。女性向けの原作がアニメ化されやすい状況が生まれました。今はロマンス・ファンタジーが全盛です。女性ファンはもちろん、そのアニメを男性が観てファンになるというのも、珍しいことではなくなりました。

メディアミックスがジェンダーレスになってゆくことに、デジタルが影響を及ぼしているのです。

デジタル化は、作品にふれるファンの総数を増やすことにも、貢献しています。

例えば、『劇場版　名探偵コナン』の興行収入を見ると、それは明らかです。

『劇場版　名探偵コナン』は1997年から毎年ゴールデンウィーク前に合わせて公開されてきました。2010年代前半まで、その興行収入は30億円前後で推移してきました。それが、2016年から右肩上がりになります。コロナ禍に急激な上昇を見せ、2023年4月14日公開の『黒鉄《くろがね》の魚影《サブマリン》』ではついに100億円の壁を越えて138・3億円を記録。2024年4月12日公開の『100万ドルの五稜星《みちしるべ》』では150億円の大台を突破し、154・3億円に達しました。

よく、人気キャラクターの登場が興行収入の増加につながった、という言説が使われます。もちろんそれも大きな要因でしょう。しかし、それだけではここまでの急激な伸びは説明がつきません。

これにはサブスクリプション・モデルの影響が大きいのではないでしょうか。

かつて劇場シリーズの興行収入が前作を超えることに、レンタルビデオの存在を指摘する声がありました。前作と次回作の公開のはざまにレンタルビデオで前作を見ることで、次回作への興味が高まり、前作以上の観客を動員できる、という理屈です。

レンタルビデオ店に足を運んでディスクを借りるよりも、サブスクリプション・モデルは、ずっと気軽に映像に触れることができます。前作だけでなく、過去作を一気見する機会も増えるでしょう。

そうして作品のファンになった観客たちが、公開日を待ちわびて映画館にやってくる。デジタル化が劇場の観客を増やすという好循環が生まれます。

もちろんソフト面の変化だけでなく、ハード面の変化も見逃せません。シネマコンプレックスが公開日に一斉にウインドウを開け、期待作にスクリーンが独占されるという現象も、アニメの人気シリーズや、人気マンガ原作映画の興行収入が伸びる一因です。


サブスクリプション・モデルが生んだもうひとつの現象が、作品のロングライフ化です。映像配信では作品の再生数や、作品の総視聴時間が評価の対象になります。当然ながら、本数の多い作品が評価上有利になります。

かつて1クールだけで終わってしまうアニメ作品が多かったのは、映像パッケージをビジネスの主体にしていたからでした。熱心なユーザーでも、そうそう高額なパッケージをたくさんは買えません。

しかしサブスクリプション・モデルが主体になった現在では、この壁も突破されました。

人気作品は2期3期と作られるのが前提になり、その寿命が延びることになります。作品のロングライフ化は、デジタルによって後押しされているのです。

デジタル化がユーザーの動向に変化を与え、メディアミックスの流れも変えました。マンガやアニメ人気の高まりの裏に、デジタル化の推進があるのは間違いありません。

10・アニメや特撮のメディアミックスのルーツは？

ここまで書いてみて、日本のアニメや特撮番組のメディアミックスのルーツを知りたくなりました。

すでに示したように、私にとってメディアミックスというものは、作品を単純に別のメディアに置き換えるものではありません。別のメディアに置き換えた上で、そのメディアを愛好するファンを巻き込んで、ファンの輪を拡大してゆくことです。

人気マンガをアニメ化する、実写化するというのも、メディアミックスには違いありません。しかし、ここでは別ジャンルを融合して多面展開することを、メディアミックスと呼びたいと思います。

ただ人気番組をマンガ化する、というだけでは真のメディアミックスは成立しません。

ファン層を拡大するという、明確な意思が求められるのです。

アニメやドラマのマンガ化自体は昔からありました。手塚治虫さんがディズニーの『バンビ』（日本公開1951年5月26日）が好き過ぎて、独自にマンガ化したこともあります。しかしこれはメディアミックスとは呼べないでしょう。

そういう意味で、日本のテレビ番組とマンガの最初のメディアミックス作品は、1960年4月5日から放送開始された実写ドラマ『快傑ハリマオ』だと考えています。

この作品は、『月光仮面』（1958年2月24日）のプロデューサーでもある、宣弘社《せんこうしゃ》の西村《にしむら》俊一《しゅんいち》さんがプロデュースしたものです。

西村さんは1928年生まれ。お父さんの西村俊成《にしむらとしなり》さんは、講談社の「少年倶楽部」の編集者でした。住職でもあった俊成さんは、駒込の勝林寺を編集会議に利用していたそうです。そこには田河水泡《たがわすいほう》さんや山川惣治《やまかわそうじ》さんら、戦前からのマンガ家や挿絵画家が参加していました。彼らに可愛がられていた西村プロデューサーは、幼いころから「これからはマンガの時代だ」と認識していたはずです。

宣弘社で『月光仮面』が企画された時に、原作者の川内康範《かわうちこうはん》さんの紹介で宣弘社に入社。同作のプロデューサーになります。『月光仮面』は大ヒットし、貸本屋の鈴木《すずき》出版《しゅっぱん》が井上《いのうえ》球二《きゅうじ》さん、村山一夫《むらやまかずお》さんでマンガ化。さらに「少年倶楽部」から発展した「少年クラブ」で、桑田次郎《くわたじろう》さんがマンガ化します。

この流れは「テレビ番組の人気が出そうなので、あやかってマンガ化した」ように感じられます。したがって、前述のように「別のジャンルのファン層を取りに行く」という、私の考えるメディアミックスの定義からは外れます。

実現しませんでしたが、桑田さんが描いたマンガ版のエピソードを映画化する、という話もあったようです。もし実現していたら、これはメディアミックスと呼べたのではないかと考えます。

『快傑ハリマオ』は、『月光仮面』の成功を見て、日本テレビで制作されたドラマです。太平洋戦争直前の東南アジアやモンゴルを舞台にした、スケールの大きなヒーローものでした。日本テレビの正力松太郎《しょうりきまつたろう》社長からは「ガツンとくるテレビ番組を作ってほしい」と注文が出され、大島ロケでは500人ものスタッフが投入されたと言います。

『ハリマオ』は、1960年4月5日の第1話の放送直後の4月17日から、「週刊少年マガジン」で石ノ森章太郎さんのマンガがスタートしています。「週刊少年マガジン」は「少年クラブ」の発展型ともいえる雑誌でした。

西村プロデューサーは、最初手塚治虫さんにマンガ化の打診をしています。「これだけ大きな企画だから、手塚さんにマンガ化を頼みたい」ということだったのでしょうか。しかし、当時の手塚さんは、週刊少年マンガ誌でマンガを描くのは「週刊少年サンデー」だけ、という縛りがありました。そこで、石ノ森さんを紹介したのです。ドラマでも使われたハリマオのキャラクターデザインは、手塚さんによるものだと言われています。

こうなると、『快傑ハリマオ』のマンガは「テレビで人気が出そうだからマンガ化された」のではなく、西村プロデューサーが明確な意思を持って「テレビ番組とマンガを同時スタートさせた」と言っていいでしょう。前述の「テレビ企画」のハシリです。そして、明らかにメディアミックスの手法を使って展開しています。

私は、西村プロデューサーが、日本で最初にメディアミックス効果を狙って、ドラマとマンガを融合した人だと考えています。

結果『快傑ハリマオ』のドラマは大ヒットして、第4部まで制作されました。当時としては異例の海外ロケまで行われたと言います。そして、マンガについても、石ノ森章太郎さんの初期の傑作となりました。ドラマとマンガがウィンウィンの関係になり、メディアミックスは成功しました。

西村プロデューサーは、その後のヒットドラマ『隠密剣士』も企画しますが、こちらもマンガ版を作りたかったようです。そんなエピソードを聞くと、やはり早くからメディアミックスの魅力に気がついていた方なのだろう、と感じます。

『快傑ハリマオ』以前にも『七色仮面』(1959年6月3日)、『白馬童子』(1960年1月5日)などを、コミカライズの名手・一峰大二《かずみねだいじ》さんがマンガ化した例があります。

これらはどの程度メディアミックスを意識していたのか、また意識していなかったのか。一峰大二さんとは、『スペクトルマン』(1971年1月2日)や『電人ザボーガー』(1974年4月6日)などのピープロ作品のコミカライズを角川書店で復刊させていただいた縁もあり、生前に何度か食事をさせていただきました。ファンであるあまり、作品の話ばかりに夢中になって、肝心のコミカライズの経緯について聞き漏らしてしまったのは痛恨の極みです。

11・アニメ・コミック事業部でアニメ製作に着手

「少年エース」編集長時代を通して、テレビアニメとメディアミックスの力を実感した私は、アニメ製作に意欲を持ちました。

1996年3月には『ニュータイプ』史上最高部数達成、『少年エース』部数倍増感謝パーティ」が新橋の第一ホテル東京で行われました。角川書店だけでなく、富士見書房のファンタジア文庫も神坂一《かんざかはじめ》さんの『スレイヤーズ』や、あかほりさとるさんの『セイバーマリオネットJ』などがアニメ化されてベストセラーの山を築いています。

私が推進してきた「ニュータイプのアニメ企画」と、原作許諾型のアニメ化がこのころの主流でした。それにあきたることなく、自社でテレビアニメの開発をしようという機運が盛り上がってきます。

「ニュータイプ」や「少年エース」が所属していた角川書店雑誌事業部3課は、1997年に本社系のマンガの部署と合体して、アニメ・コミック事業部になります。

本社系のマンガの部署は1985年6月創刊の「ASUKA」からスタートし、徐々にジャンル誌を増やしてきました。しかし90年代後半になると収支状況が厳しくなったので、雑誌3課のノウハウで収支を健全化せよ、と雑誌事業トップの福田全孝《ふくだまさたか》さんから命じられたのです。

アニメ・コミック事業部ができる直前、福田さんが私のところにやってきて、

「おう、井上。お前がやりやすいように雑誌をひとつ休刊にしといてやったわ」

と言います。

「え、どの雑誌ですか?」

「『ヤングロゼ』や。あれが一番赤字が大きいのや」

絶対休刊にしてほしくない雑誌でした。なぜなら、大人向けの女性マンガ誌はテレビドラマの原作供給源として機能するからです。女性向けメディアミックスを行うには、テレビドラマ化が一番効果的なのです。

ドラマ化されても雑誌への影響は微々たるものですが、単行本コミックスの部数は大幅に伸ばせます。

マンガを読む環境に男女差がなくなった現在とは違い、このころのマンガ読者は男女別がはっきりしていました。一部の固定ファンを持っている作家を除き、女性向けのマンガをテレビアニメにするにはハードルが高い時代でした。女性はLDのような円盤を買う人が少ない、と信じられていた時代です。

福田さんは週刊誌の編集者としてはたいへん優秀な方でしたが、マンガ雑誌と単行本の連結決算に関しては、あまり関心がなかったのです。

というわけで、いきなりずっこけた状態でアニメ・コミック事業部所属になりました。コミックが主の部署なのに、なぜアニメという冠が付いているかと言うと、「ニュータイプ」があったからに他なりません。しかし、この冠を上手に利用できる機会がやってきました。

このころ角川書店には実写映画を中心に製作するソフト事業部という部署がありました。2000年2月、富士見書房から安田《やすだ》猛《たけし》次長がここに着任します。安田次長は富士見書房で数々の原作のアニメ化を行ってきました。その過程で、出版社は原作を供給するだけで、国内外の番組販売権や商品化権、ビデオグラムの製造権や手数料が残らない現実を直視してきました。こうした現状を打破するのがミッションでした。

実は安田君と私は「アニメック」時代からの同僚です。私が編集部を出たあと、安田君も独自に生き残りのルートを探り、創刊直後の「ASUKA」編集部に入ります。その後、富士見書房でメディアミックスを担当していたのです。

ちょうど私が『ゲートキーパーズ』というゲームに関わっていた時期です。村濱章司《むらはましょうじ》さんが興したGONZOという会社がこのゲームの映像製作を担当した縁から、角川書店がゲームの発売元になり、さらにアニメの制作を担当することになりました。

アニメを角川が制作し、バンダイビジュアルが製作を担当するという共同幹事のスキーム が完成。DVDを角川書店が製造、バンダイビジュアルが販売することになり、角川は初めて製造化権を手にします。

『ゲートキーパーズ』は2000年4月からWOWOWで放送されました。コミックはゲームとアニメのキャラクターデザインを担当した後藤圭二《ごとうけいじ》さんが描きました。

実はこの時、角川書店のアニメ事業はがけっぷちにいました。

それまでアニメを担当していたソフト事業部が赤字体質で、さらに翌2001年に劇場公開予定の出資作『メトロポリス』の制作費が、制作の遅れから、大幅に膨れ上がっていたのです。公開前から出資金の回収は不可能だと予想されました。

そんななか、桃原用昇《とうばるようしょう》専務主催の幹部会議で、アニメ事業撤退が議題に上がりました。

ソフト事業部に安田次長が入り、やっと思うようなアニメが作れそうになった矢先です。ここでアニメ事業の芽を摘むわけにはいきません。

「『ゲートキーパーズ』は必ず黒字を出しますので、アニメから撤退する判断はそれを見てからにしてください」

と拝み倒して、からくも会議の場を乗り切りました。もしここで折れていたら、今日の

KADOKAWAのアニメ事業はなかったかもしれません。

宣言通り『ゲートキーパーズ』はDVD販売が好調で、きちんと黒字を出しました。同じスキームで賀東招二《がとうしょうじ》さん原作の『フルメタル・パニック!』(2002年1月)を放送して大ヒット。ここからDVD販売を玩具系問屋のハピネットに卸し、角川書店は製造・販売を手掛ける幹事会社の地位を獲得します。


2002年6月、私はアニメ・コミック事業部長に就任します。同年8月、角川書店が徳間書店から大映の映像事業を買収し、11月に角川大映映画を設立。さらに角川書店の映像部門と関連会社トスカドメインを吸収合併し、新生角川映画となります。このタイミングでアニメ事業だけが角川書店に残り、アニメ・コミック事業部所属になりました。2004年4月のことです。

安田次長が私のもとに来てくれたことで、テレビアニメを自社で製作し、DVD販売で利益を出すというビジョンの共有が図れました。同年1月、DVD販売会社角川エンターテインメントが発足し、ソフト販売をグループ企業が行うことになったことも、業績向上に拍車をかけました。

とはいえ、このころアニメに関わるスタッフはまだ数人。現在200人を超えるスタッフを有し、KADOKAWAの主幹事業になる日が来るとは、まだ想像していませんでした。

創刊以来「少年エース」を支えてくれたのは、『B'TX』『新世紀エヴァンゲリオン』、そして大塚英志《おおつかえいじ》さん原作・田島昭宇《たじましょうう》さんマンガの『多重人格探偵サイコ』です。

1999年、ここに新しい人気作が加わります。吉崎観音《よしざきみね》さんの『ケロロ軍曹』です。藤子《ふじこ》・F・不二雄《ふじお》さんの日常SFテイストに、『ガンダム』をはじめ数々のパロディ要素を加えた『ケロロ軍曹』は、当初マニア人気が先行していました。

角川書店で何とかキッズものを手に入れたいと望んでいた私は、『ケロロ軍曹』を小学生対象のテレビアニメにしようと、『Zガンダム』の時代から懇意にしていたサンライズの内《うち》田《だ》健二《けんじ》さんに相談しました。

マニア向けのアニメとは違い、キッズものは参入障壁が高いジャンルです。放送枠が少ない上に、スポンサーである玩具会社のバックアップがないと成り立ちません。ここは内田さんとサンライズの尾崎雅之《おざきまさゆき》プロデューサーが、親会社であるバンダイに働きかけてくださり、TX系土曜朝10時の枠を取ることができました。

原作のマニアックな味を残しつつ、キッズでも鑑賞できるように工夫された『ケロロ軍曹』のテレビアニメは、2004年4月から2011年3月まで放映される人気アニメとなります。2006年3月公開の『超劇場版ケロロ軍曹』を皮切りに、劇場版も5年に渡り製作されました。

吉崎さんのコミックスも、マニアだけでなく小学生にまで読者を広げることができました。

マーチャンダイジング中心のキッズアニメを成功させるという夢はかないましたが、キッズアニメの椅子を確保し続けることの難しさも知りました。基盤になる玩具の新商品を毎年出し続けることができないと、この椅子を維持することはできません。KADOKAWAにおいては、私の次の世代のテーマになることでしょう。

『ケロロ軍曹』のファンを小学生にまで広げたい。その思いで始めたアニメ化でしたが、この時に考えたメディアミックスの手法が「マトリックス理論」です。

先に紹介した「キューブ理論」と並んで、私のメディアミックス施策の基幹になるものです。

まずは対象作品のファン層のマトリックスを作ります。年代やマニア度などをメディアミックスの狙いに合わせてカスタマイズします。そうしてできたマス目の現在獲得できているファン層を塗り潰します。そうすると、まだ獲得できていないマス目が浮かび上がってきます。

その空いているマス目をどこまで埋められるかを、メディアミックス化のポイントにするのです。ファンをどこまで拡大できるかの指針になります。『ケロロ軍曹』では、空いている小学生、幼稚園児のマス目を埋めてゆくチャレンジをしたわけです。

だいぶ後の時代になりますが、『文豪ストレイドッグス』（2016年4月7日）をアニメ化する時に「女性ファンをもっと増やす」をテーマにしました。ここでも、このマトリックス図を使って獲得すべきファン層を明確にしたことを覚えています。

その結果『文豪ストレイドッグス』は多くの女性ファンを獲得し、長寿アニメになりました。

角川書店のアニメ事業に劇的な成功をもたらしたのは、『涼宮ハルヒの憂鬱』（2006年4月）です。

制作会社の京都アニメーションは『キディ・グレイド』（2002年10月8日）で角川書店と

つながりができました。『フルメタル・パニック？ふもっふ』（2003年8月25日）が初めての元請け作品です。角川書店では伊藤敦《いとうあつし》プロデューサーが中心となり、谷川流《たにがわながる》さんの原作を出版するスニーカー文庫編集部との連携のもと、京都アニメーションがクオリティの高い映像を制作してくれました。

特にキャラクターたちのダンスシーンで流れるエンディングテーマの「ハレ晴レユカイ」は、ちょうどYouTubeのスタート時期と重なり、世界中でダンスシーンを踊る映像が作られました。最初にネットの影響でブレイクしたアニメとして知られることになります。

このころは「ハレ晴レユカイ」の新しい映像がアップされた国を、世界地図で赤く塗りつぶしていくのが楽しみでした。

京都アニメーションは翌年の『らき☆すた』（2007年4月9日）でも素晴らしい映像を作ってくださいました。同作の監督だった武本康弘《たけもとやすひろ》さんはじめ、作品に関わってくださった多くのスタッフが、理不尽な殺人者の行為により、お亡くなりになったのは悲しくてなりません。

2000年代にはアニメDVDの海外販売にも力を入れました。特に大きな市場である北米の販売ルート開拓には手ごたえを感じていました。北米では日本とは違い、DVDを1枚ずつ売るのではなく、テレビアニメシリーズをDVD-BOXで売ります。北米の売り上げはどんどん上がっていきました。

ところが2008年9月、リーマンショックが起こります。

私たちがDVD-BOXの重要な販路にしていた「ベストバイ」などの量販店がダメージを被り、北米での売り上げは激減しました。

しかし長い目で見れば、これが北米市場において、映像パッケージから映像配信にシフトするきっかけになりました。

映像パッケージの売り場が焼け野原になったことで、映像配信という新しいビジネスが成長したのです。

まさに「破壊なくして創造なし」と言ったところでしょうか。

12・ガンダムエース創刊

2000年の暮れ、サンライズの吉井《よしい》孝幸《たかゆき》社長の訪問を受けました。

「『ガンダム』を北米展開したいのだが、さすがにアニメの『ファーストガンダム』は古すぎる。そこで安彦良和さんに『ファーストガンダム』のマンガを描いてもらい、それを武器に北米に切り込みたい」

というのです。後日、吉井社長の命を受けたサンライズの佐々木新《ささきしん》さんが、安彦さんの描いたラフコンテを持って来てくれました。シャアがサイド7に強行偵察に赴く冒頭から始まって、ガルマ・ザビの死を知らされたデギン公王が杖を取り落とすまでが描かれていました。

その夜、一気に読んで、これは傑作になると確信しました。『ファーストガンダム』のストーリーを描きながらも、安彦さんがアニメを退いて以降に描いてきた歴史・神話マンガのエッセンスがちりばめられ、ガンダムの世界を「歴史」としてとらえ直そうという姿勢が見えたからです。

すぐに連載を快諾し、安彦さんにお会いしました。安彦さんは一度の連載に100ページ以上欲しい、と言います。通常のマンガ誌には収まり切れません。そこで、

「先生、雑誌をひとつ作りましょう」

と提案しました。安彦さんのマンガを中心に、記事まで含めて『ガンダム』だけで構成する雑誌です。当然社内には反対意見もありました。しかし私には、ひとつのコンテンツ

だけで押し切った方がいい、という確信がありました。『ガンダム』がすでにアニメまわりの狭い世界だけでなく、普通の社会人のビジネストークとして機能し始めていると感じていたからです。このころの20代から40代くらいの社会人は、野球やゴルフ、映画や音楽を話すのと同じ感覚で『ガンダム』の話題を口にするようになっていたのです。

こうして誕生した新雑誌「ガンダムエース」。編集長は徳間書店から来た古林《こばやし》英明《ひであき》君に任せました。初めての出会いは、私が「アニメージュ」から渡辺隆史君を引き抜いた時。

「俺のナベちゃんをどうする気だ！」

と喧嘩を吹っかけてきた男が古林君でした。面白い奴だなと思い、一緒に角川に来てもらいました。言動は無茶苦茶なところがありますが、妙に人の心をつかむ、憎めない男です。安彦さんの担当として「ガンダムエース」を成功に導いてくれました。

安彦さんのマンガのタイトルは『機動戦士ガンダム　THE ORIGIN』と名付けさせてもらいました。安彦さんに喜んでもらい、ほっとしたのを覚えています。

13・細田守監督との出会い

テレビアニメを中心に製作していたとはいえ、劇場アニメに対する夢も捨てたわけではありません。2004年の暮れに、制作会社マッドハウスの丸山正雄《まるやままさお》さんから呼び出されました。

「細田守《ほそだまもる》監督が東映アニメーションを辞めることになった。細田監督が筒井康隆《つついやすたか》先生の『時をかける少女』を作りたがっているのだが、協力してほしい」

『時をかける少女』と言えば、原田知世《はらだともよ》主演で大ヒットした実写映画が有名です。私が中学時代に好きだったNHK少年ドラマシリーズ『タイムトラベラー』(1972年1月1日)の原作でもあります。

そして細田監督は、『デジモンアドベンチャー劇場版　ぼくらのウォーゲーム!』(2000年3月4日)などで注目していた監督でした。細田さんが『時をかける少女』を監督するなら、ぜひ観てみたい。すぐに筒井先生にお会いして、アニメ化の許諾をとりました。

ただ、前述の『メトロポリス』の予算オーバーの件がありましたので、丸山さんには予算の上限を厳守するようお願いしました。そのために、以前テレビアニメ『X』の仕事ぶりに感心していた齋藤優一郎《さいとうゆういちろう》さんをマッドハウス側のプロデューサーに立ててほしいと頼みました。

細田さんは思い切りのいい監督だ、と感じました。アニメ版『時かけ』は、当初のシナ

リオでは同じ月曜日を繰り返すなかで起こる、日常の事件を追う話でした。どうも話が小さいな、と思っていると、

「今までのシナリオは全部捨てます」

と、まったく新しいストーリーを作り始めました。それが完成版につながります。主人公・真琴《まこと》が小さな、しかし確実な一歩を踏み出すテーマが明確になりました。

私からは、真琴とタイムトラベラーの間に、絆になるようなアイテムを入れてほしい、と要望しました。それが、あの「絵のエピソード」になったのだと思います。

同じく歴彦社長にも相談しました。歴彦さんからは、

「タイムリープする理由になる、形のあるものがほしい」

とアドバイスがありました。それに応えて細田監督が出してきたのが、クルミの形をしたアイテムです。監督も私もあのクルミがタイムリープにどんな効果があるのか、さっぱり分かっていませんが、確かに何か形のあるものが出てくると、観客の納得度が増します。勉強になりました。

絵コンテが完成し、筒井先生にチェックしてもらいました。事前に、

「原作の続編にあたる話なので、ストーリーは原作とは変えます」

とお伝えしていたのですが、いざ絵コンテを読んだ先生は、

「原作と全然違う……」

とつぶやいたまま、目を閉じて黙り込んでしまいました。ここまで来てやり直しか？私はもう真っ青です。先生は続けて、

「（違う）のが……いい！」

いやー、筒井先生。さすが役者です。でもこんなところで演技しなくても。心臓が止まるかと思いました。先生からもお墨付きをもらい、アニメ版『時かけ』は本格的に制作に入ります。


このころはまだ劇場アニメが多くの観客を動員できない時代でした。定番のキッズものを除けば、観客の関心はスタジオジブリにしか向いていません。新人のアニメ監督が優れた作品を作っても、興行的に失敗すれば次のチャンスを失ってしまう。そんな例を見てきました。

細田監督をどうしても塁に出したかった私は、公開館を絞り、満席を続出させる作戦を取りました。テアトル新宿の協力を得て、劇場を聖地化したのです。映画はロングランを

記録し、数々の映画賞に輝きました。

作品に欠かせないキャラクターデザインは『エヴァンゲリオン』の貞本義行さんにお願いしました。必ず細田さんを塁に出すために、ベストの選択をしたのです。実は貞本さんにはスケジュールを理由に一度断られました。私が次のデザイナー選びに悩んでいる時に、角川書店側の渡辺隆史プロデューサーが貞本さんにアタックを繰り返し、ついにはOKをいただいたのです。ナベちゃんは、良くも悪くも常識外れの発想をする人です。この時も普通なら諦めるところを食い下がっていたのには驚きました。

貞本さんには『時をかける少女』の角川文庫新装版のカバーも描いていただきました。筒井先生が原作を書いたのは1965年。かなり前の小説ですが、劇場アニメ化とカバーを新しくすることで、若い読者が手に取って、再びベストセラーになりました。まさに「時をかける」売れ行きでした。メディアミックスの力は時間すら超えるのです。

細田監督、齋藤プロデューサーとはその後も長く仕事を続けることになります。

2014年には日本テレビ、KADOKAWA、そして細田さん齋藤さんの会社・スタジオ地図《ちず》の3者で「スタジオ地図LLP」を設立して、細田作品を守っています。

解説

「おたく」から「オタク」へ

ここで扱われている1985年から2006年は、僕にとって小学校入学からこの仕事をするために東京に出てくるまでの20年間にあたる。つまり、リアルタイムで僕は当時の「角川」が作り上げていった「オタク」文化を享受して育ってきた世代なのだ。

80年代後半から90年代のオタクたちの関心は、アニメよりもむしろコンピューターゲームにあった。この時代は初代「ファミコン」から「スーパーファミコン」へ、そして「プレイステーションVSセガサターン」の次世代機闘争へと続く、熱い時代だった。つまりかつてアニメも経験した「思春期」がコンシューマーゲーム機の世界にも訪れていたのだ。そして、僕たちの世代はこのブームの中核の一つを担った『ドラゴンクエスト』や『ファイナルファンタジー』シリーズが代表するRPGを経由して知った剣と魔法の世界の追体験を求めて、後にライトノベルと呼ばれる小説群に群がっていった。僕の同世代では久美《くみ》沙織《さおり》の『ドラゴンクエスト』シリーズのノベライズあたりを入口に、『ロードス島戦記』や

『風の大陸』など初期の角川スニーカー文庫、富士見ファンタジア文庫に流れて「小説」を読むことを覚えた読者は多いはずだ。

僕の場合は、富野由悠季が手がけた『ガンダム』シリーズの小説版がその役割を果たした。初代『ガンダム』の小説版に描かれたアムロとセイラの肉体関係やアムロの戦死に衝撃を受け、『閃光のハサウェイ』の結末に立ち読みしていた本屋で足をすくませた。『ガンダムF91』の小説版のせいで、小説とは謎の論文風の「序文」がついているものなのだと勘違いした。僕は、そんな富野由悠季の小説に洗脳された小学生だった。

中学3年生のとき、『機動戦士Vガンダム』の放送が始まったのをきっかけに僕は雑誌『ニュータイプ』を購読し始めた。今思えば、当時はまだアニメの「冬の時代」が終わる前で、『幽☆遊☆白書』や『美少女戦士セーラームーン』といった大手出版社の人気マンガ原作のテレビアニメがファンの関心の中心にあった時代だった。そのせいか、結果的に当時の『ニュータイプ』は妙にアニメ以外の記事が充実していた。僕は『ニュータイプ』の連載記事でMacintoshを知り、岡崎京子《おかざききょうこ》や山本直樹《やまもとなおき》や望月峯太郎《もちづきみねたろう》を知り、北原照久《きたはらてるひさ》を知り、ブレイク前の安室奈美恵《あむろなみえ》を知った。この奇妙な総合性は今思えば、「テレビまんが」で育った世代のつくり手たちが、自分たちの好きなものをユースカルチャー一般の中にどう位置づけようかと考えた試行錯誤の結果だったのかもしれないし、オリジナルの人気アニメがなく、誌面が作りづらかったための苦肉の策だったのかもしれない。しかし、結果的にこの雑誌は僕にとって広く「外の世界」を知るきっかけになった。

角川の話に戻ろう。重要なのはこの時期にかつての「テレビまんが」が、それを見て育った世代が作り手に回ることで、いまの「オタク」文化に近いものに変化していったことだ。この時期にアニメの求心力は弱く、コンピューターゲームを中心にマンガの中のマニアックなもの、そして後にライトノベルと呼ばれるレーベルの小説群が加わることで、オタクたちの世界は成立していた。その中核にあったのが、角川書店とその「お家騒動」の結果派生したメディアワークスなどの「角川的な」企業群の送り出す作品たちだった。

そして、運命の1995年「エヴァ」が僕たちの前に現れた。この「襲来」が与えた巨大なインパクトについては解説し始めると膨大な記述になるので、ここでは踏み込まない。重要なのは、大月俊倫プロデューサーのキングレコードと井上伸一郎を中心とした角川書店のタッグがこの「エヴァ」以降の流れ——90年代後半のアニメブーム——を牽引したことだ。97年のいわゆる「春エヴァ」「夏エヴァ」が「角川アニメ」として公開されたことはその象徴だ。そこに『スレイヤーズ』シリーズやあかほりさとる原作の諸作品などのライトノベル、そしてそのアニメ化作品が加わり、更にその外側に他社の、しかし明らかにこのムーブメントの影響下にあり、同時性を強く帯びた作品たちが加わってシーンを形成していった（今日の形での声優のアイドル化が進行し始めたのもこの時期だろう）。そして深夜アニメが90年代末に常態化し始めた頃、僕たちは国産のこれらの新作を追うだけで「お腹いっぱい」になりはじめていた。オタクたちはこのあたりで、自分たちと同じ感性をもった作り手たち（オタクの高齢化で年齢も近かった）の作った作品を消費するだけで、満足するようになっていったのだと思う。

この時期に「おたく」は完全に「オタク」になった、と言っても過言ではない。前者が「テレビまんが」が結果的に獲得していた「広さ」と総合性を特徴としていたのに対し、後者はすでにできあがっていた「オタク」の世界の中で供給されるものだけで自足しはじめていたのだ。

ここで注目すべきなのは、本章後半の安彦良和と細田守をめぐるエピソードだろう。かつてのアニメブームのスターと、「これから」を嘱望される若手のホープ——この二人を、それもいい企画があるから実現しようといった類の話ではなく、長期的な展開を念頭により大きなステージで羽ばたかせるためのプロデュースが行われていたのだ。それは、「自分たちの好きなものを否定されない世界を守る」といった感性から大きく逸脱した、野心的な「攻め」の戦略であったように僕は思う。この世代の作り上げた遊び場で、若いオタクたちが「ハレ晴レユカイ」を楽しそうに踊っているその裏側で、大人たちは、もっと大きなものを作って、遠くまで届ける企みを進行していたのだ。

2007-2021

角川書店社長、そしてKADOKAWAへ

1・角川文庫60周年と新部門への挑戦

アニメ・コミック事業部は年間売り上げ約200億円と、中堅出版社並みの数字を出せるほどに成長しました。

本社のマンガやアニメ部門だけでなく、スニーカー文庫やルビー文庫もアニメ・コミック事業部入りしたのを機に、メディアミックスを促進して再興しました。

こうなると、そろそろ次の試練が来るだろうな、と予想していました。案の定、2006年の5月から文芸編集部も併せて担当せよとの命が下りました。

この時点ではもう会社にいませんでしたが、かつて文芸のトップに失礼な態度を取られたことを思い出し、自分の手で文芸部門をより良い部署にしてやろう、と闘志が湧きました。

先に述べた文芸のトップはすでに会社を去っていて、現場にはやる気のある若い編集者たちが揃っていました。

この時点で角川書店の代表取締役専務。翌2007年1月、代表取締役社長に就任します。

運のいいことに、就任と同時期に刊行されたダン・ブラウンの『ダ・ヴィンチ・コード』

文庫版が大ヒットしました。この機を逃さず、文庫のテコ入れに注力します。

まずは角川文庫を再定義しました。角川文庫の本質は何なのか。自分が学生時代に全巻読んでいた片岡義男さんの角川文庫や、「ポケットに青春を」などの石岡瑛子《いしおかえいこ》さんのキャッチコピーが頭に浮かびます。

そうだ。新潮文庫が優等生なら、角川文庫の本質は不良性ではないか。

もちろん不良と言っても、暴力をふるう類の不良ではありません。寺山修司さんのような、精神の不良性です。

このころ文芸のトップだった宍戸《しし》健司《けんじ》君や郡司《ぐんじ》聡《さとし》君たちと目前に迫った角川文庫60周年に向けて、ブーストをかけて行きました。

多くの出版社ではベストセラーが出るか出ないかで、業績が大きく左右されます。まずはベストセラーだけに頼らない基盤作りを目指しました。ライトノベルで培った、人気シリーズものを増やす作戦です。

これまた運のいいことに、小学館で『千里眼』シリーズをヒットさせた松岡圭祐《まつおかけいすけ》さんが、シリーズごと角川文庫に来てくれました。やがて角川文庫オリジナルの人気シリーズ『万能鑑定士Q』がスタートします。

神永学《かみながまなぶ》さんの『心霊探偵八雲』シリーズ、荻原規子《おぎわらのりこ》さんの『RDG　レッドデータガール』シリーズなどの人気シリーズも伸長しました。

メディアミックスも積極的にシリーズものを仕掛けました。TBSドラマ『SPEC』（2010年10月8日）では3か月連続で、月末にその月に放送した4話分のノベライズを発売する、という離れ業もやりました。

角川ホラー文庫についても藤木稟《ふじきりん》さんの『バチカン奇跡調査官シリーズ』を投入したのを皮切りに、シリーズものを増やしていきました。

角川文庫60周年企画は松山《まつやま》ケンイチさんをイメージキャラクターにして、「60年分の愛とか夢とか絶望とか」のキャッチコピーで展開。久しぶりに文庫売り上げ1位の座を奪還しました。

それまで一般文芸の経験がなかったわけではありません。

三浦《みうら》しをんさん。私がアニメ・コミック事業部時代、たまたま書店で見つけた『格闘する者に○《まる》』（草思社《そうししゃ》）が面白かったので、描きおろしの原稿『月魚』を依頼した作家です。

三浦さん自身、他社から原稿依頼が来るとは思っていなかったそうで、大手では私が一番早く声をかけた編集者です。三浦さんが当時所属していたエージェント会社「ボイルドエッグズ」の村上達朗《むらかみたつろう》社長が、スニーカー文庫編集長の早川書房《はやかわしょぼう》時代の上司で、連絡先が聞き出せたことも有利に働きました。

もうひとり忘れられない作家は滝本竜彦《たきもとたつひこ》さん。村上さんから、

「ネットで見つけた面白い作家がいる」

と連絡があり、その作品を読んでみました。今まで読んだことのない、生々しい青春の匂いを書ける作家だと感じました。これはハードカバーでも文庫でもなく、学生が手に取れるギリギリの価格帯のソフトカバー単行本で出すべきだ、と考えました。カバーイラストについても、ライトノベルのテイストを残しつつ一般文芸に見える、ギリギリの線を狙いたい。マンガ『NieA_7《ニアアンダーセブン》』で仕事をした安倍吉俊《あべよしとし》さんに頼んで、イメージ通りのラインのイラストを上げていただきました。

それが『ネガティブハッピー・チェーンソーエッヂ』です。

社内の編集者からは、ネットは自己発散しているだけの場所じゃないか、などという意見も聞かされましたが、私にはこれが時代を象徴する発表の場に思えたのです。

作品は評判を呼び、次作『NHKにようこそ!』は大岩《おおいわ》ケンヂさんでマンガ化もされ、

大ヒットを記録しました。

ライトノベルと一般文芸の隙間をこじ開けた滝本さんの著作は、文章のみならず、カバーイラストのジャンルにも大きな変化を業界にもたらした、と思います。現在では一般文芸でもキャラクターを前面に押し出したカバーイラストが花盛りですが、最初にこうしたテイストを狙って世に出せたのは、この作品が初めてではないでしょうか。

それまでにもマンガ家やアニメーターが一般文芸のイラストを描くことはありましたが、あくまで個人のネームバリューに頼った発注、という印象でした。カバーイラストのパラダイムチェンジをなすことができました。

『原子力潜水艦シービュー号』にまつわるエピソードの部分で、映像のノベライズによって私の心が救われた話をしました。その後、『ガンダム』シリーズなど、人生の転機にノベライズが関わってきます。

映像のノベライズは最も古典的なメディアミックスですが、文芸の世界ではそれを軽く見る人もいます。そうした風潮に、なんとか異を唱えたい、という気持ちを持っていました。

WOWOWの仙頭武則《せんとうたけのり》プロデューサーから、
「WOWOWのオリジナル映画のノベライズを角川でお願いできないか」
と相談を受けたのは、アニメ・コミック事業部時代の2000年ころでした。まずは公開が近い青山真治《あおやましんじ》監督の『EUREKA』（2001年1月20日）を、監督本人に小説として書きおろしてもらおうということになりました。

これが新潮社の2001年第14回三島由紀夫賞を獲得します。文学賞の授賞には、出版社側の思惑がいろいろあるでしょう。それはさておき、ノベライズで文学賞を授賞したのは、この作品が史上初だと思いますし、その事実は消えません。

若き日の自分を救ってくれたノベライズの価値を高めることができたことを、密かな喜びとしています。

角川書店社長時代になり、この体験を細田守監督作品にも応用しました。

実は日本の映画監督には、自作の映画の著作権がありません。著作人格権のみが与えられています。脚本家は、映画の著作権者である製作者同様に著作権を持っています。映画のアイデアが監督のものでも、自分で脚本を書かないと著作権を持てないことになります。

『時をかける少女』以降、『サマーウォーズ』(2009年8月1日)から細田監督はオリジナルストーリーで映画を作っています(2作品の脚本は奥寺佐渡子《おくでらさとこ》さん)。まずは塁に出ることを優先した『時かけ』に続く『サマーウォーズ』は、ワーナーブラザースジャパンに配給をお願いし、興収16億5000万円とヒットを記録。次の『おおかみこどもの雨と雪』は東宝《とうほう》配給で、さらなるヒットを狙っていました。

『おおかみこどもの雨と雪』では細田監督自ら脚本を書きますが、それに加えて小説を書いてほしい、とお願いしました。そうすれば誰はばかることなく映画に「原作」とクレジットされます。

細田監督は悩まれましたが、『おおかみこどもの雨と雪』の小説を書き下ろしで書いてくださり、文庫は大ヒットしました。以後、最新作に至るまで、細田作品はご本人が小説化しています。

スニーカー文庫出身の作家、冲方丁《うぶかたとう》さんが文芸誌「野性時代」に連載した『天地明察』は、日本の暦を作った江戸時代の学者・渋川春海《しぶかわはるみ》を主人公にした大河小説です。2009年11月に刊行されました。

心情的に、ライトノベル出身者は応援してしまいます。ライトノベル出身者では、桜庭《さくらば》一樹《かずき》さんや有川浩《ありかわひろ》（現・ひろ）さんらが、すでにベストセラー作家として活躍していました。冲方さんもこの作品で、その実力を世の中に認めさせました。

2010年4月20日、『天地明察』が第7回本屋大賞を受賞した時は、秘書とふたり、神楽坂で報告を待っていました。受賞を知らせる電話をもらった時は、感激で泣いてしまいました。

文芸での最後の思い出は、児童書へのチャレンジです。

2008年のこと。角川書店の営業のトップだった関谷《せきや》幸一《こういち》専務から提案を受けました。

「今、出版業界で児童書が伸びている。特に児童文庫では、講談社の『青い鳥文庫』が一人勝ち状態だ。角川でも児童向け文庫が作れないだろうか」

確かに重要なテーマです。当時の角川グループはライトノベルの勢いが凄く、若者向けの書籍には定評がありましたが、児童書は未開拓でした。

このころの角川グループは、角川書店、アスキー・メディアワークス、富士見書房などの出版社がグループ内でしのぎを削っている状態でした。

新しい児童文庫は、個社の壁を壊して、どの編集部でも企画を出すことができるようにしました。グループにとっても画期的な企画になるはずです。

すぐに創刊準備にかかりました。ちょうど角川文庫60周年に合わせて、大規模な読者調査を行っていました。その結果、小学校高学年からライトノベルが読まれていることが明らかになりました。新しい児童文庫は、ライトノベルで培ったイラストのノウハウが応用できそうです。優等生的ではなく、読者がほしくなるようなテイストの児童文庫を作ろうと、各社の担当と意見を統一しました。

２００９年3月に創刊。児童文学の名作である宗田《そうだ》理《おさむ》さんの『ぼくらの七日間戦争』のイラストははしもとしんさんに。筒井康隆さんの『時をかける少女』は『涼宮ハルヒ』シリーズのいとうのいぢさんに、とイラストを時代に合わせてアップデート。オリジナルシリーズやメディアミックス作品もふんだんに投入しました。

徹底して、読者である子供たちが読みたくなる文庫を目指し、人気のある作品はどんどんシリーズ化を推進しました。

その結果、２０１２年に児童文庫の売り上げシェア1位を獲得。現在までその地位を譲ってはいません。

この流れを受けて、学習マンガや絵本の開拓にも乗り出しました。

学習マンガ『日本の歴史』シリーズは各巻の表紙を人気マンガ家やライトノベルで活躍中のイラストレーターが担当しました。続く『世界の歴史』シリーズはスタジオジブリで活躍したアニメーターの近藤《こんどう》勝也《かつや》さんが全巻描いています。

マレーシアの子会社「ゲンパック・スターズ」を訪れた時に目に止まった『どっちが強い!?』シリーズを日本で展開することも決めました。これは動物たちが対決したらどうなるのか？という子供向けのオールカラーコミックです。私が小学生時代、『猛獣もし戦わば』という本が大好きでしたので、いまの子どもたちにも受け入れられるはずだ、と思いオファーしたのです。

日本版を出す時に、きちんと大学の先生の検証をいただき、学習マンガとして出版したのは現場のアイデアです。『日本の歴史』『世界の歴史』とならび、こちらも学習マンガのヒットシリーズになりました。

その後KADOKAWAは絵本も開拓し、この分野でもベストセラーを連発しています。

こうして振り返ると、ここ20年ほどのKADOKAWAの書籍の多くは、ライトノベル的というか、「おたく的」な手法で作ってきたのだな、と感じます。

2・角川映画再興に挑戦

文芸部門で手応えを感じていた2011年1月、またまたチャレンジの機会が訪れます。角川書店が角川映画株式会社と合併し、新たに実写部門も担当することになりました。

角川映画は2002年に大映とトスカドメインを合併した後、さらに日本ヘラルド映画と合併しました。

角川書店は2003年に株式上場したのを機に持ち株会社化。経営と事業を分離しています。角川歴彦さんは経営を受け持つ持ち株会社・角川ホールディングス会長になりました。

実写映画部門を堅調にするために、固定ファンを持つ作品を作ろう。

そう考えて、ホラー映画に力を入れました。もともと角川映画は『リング』(1998年1月31日)などをヒットさせた実績があります。そのイメージを大切にしました。

実写映画を担当することになってしばらくすると、社内の若手プロデューサーが私のもとを訪れました。手にした企画書は『貞子3D』。『リング』に登場する貞子をリブートする企画です。貞子と言えば、テレビから這い出して来る描写が印象的。これぞ3Dにピッタリの企画でした。

『貞子3D』は2012年5月12日公開。宣伝プロデューサーによる大胆な宣伝も話題になりました。その後3Dブームは沈静化してしまうので、日本の3D実写映画でヒットを記録したのは、『ALWAYS 三丁目の夕日'64』（2012年1月21日）と『貞子3D』だけかもしれません。

初めて自分で企画したホラー映画は、綾辻行人《あやつじゆきと》さん原作の『Another（アナザー）』（2012年8月4日）です。もともと綾辻さんの原作に惚れ込んでいて、この年の1月クールにテレビアニメ版も作りました。原作の重要な仕掛けについていろいろ検討したのですが、どうしても実写では難しく、直前にテレビアニメを放送することもあり、表現を諦めました。

この映画は、ひたすら主演の橋本愛《はしもとあい》さんと山﨑賢人《やまざきけんと》さんの初々しさを愛でる作品だと、割り切って観てほしいです。本格映画初主演のおふたりの魅力で、スマッシュヒットを記録しました。

ホラーと言えば忘れられないのが『貞子VS伽椰子』（2016年6月18日）です。

制作会社ダブル・フィールドの丸田《まるた》順悟《じゅんご》さんと呑んでいる時、「ユニバーサル映画の『呪怨』とコラボレーションできるかもしれない」と聞かされ、その場で制作を決意しました。『リング』の貞子と『呪怨』の伽椰子という2大ホラーキャラクターの共演作です。もともとVSものやオールスターものが好きだったので、これには燃えました。白石晃士《しらいしこうじ》監督の手で、ホラーとギャグのギリギリの線を突いた傑作になりました。

ホラーと並んでこっそり力を入れたのが文芸エロスです。覆面作家サタミシュウさん原作の『私の奴隷になりなさい』（2012年11月3日）の映画化を大森氏勝《おおもりうじかつ》プロデューサーが企画したのですが、サタミさんは厳しい方で、主演がなかなか決まりません。

ある日、大森プロデューサーが壇蜜《だんみつ》さんのイメージDVDを持ってきました。一目見て、この人は凄いと思いました。普通のグラビアアイドルとは何かが違うのです。

すぐにお会いして、お話を聞きました。「死」に興味があって、遺体衛生保全士の資格を持っているとか、葬儀屋で働いているとか、くらくらするエピソードばかり聞かされました。

サタミさんのＯＫもとれて、撮影に入ると、想像を超える存在感です。完成した映画は単館系でロングランを記録し、その後も映像配信で長く回り続けました。

壇蜜さんは続く『甘い鞭』（2013年9月21日）でも壮絶な役を演じました。『甘い鞭』を監督した晩年の石井隆《いしいたかし》さんと仕事ができたのも、貴重な体験でした。

桜庭一樹さんの初期のライトノベルを映画化した『赤×ピンク』（2014年2月22日）も忘れられない一作です。

坂本浩一《さかもとこういち》監督の手で、ラストのバトルシーンは異様なテンションになりました。この映画の本質は、きちんとＬＧＢＴＱを描いているところです。ある日、上映後に見知らぬ女性に、

「この映画を作ってくれてありがとうございます」

と泣きながら握手を求められました。映画は人の心を救う力があるのだな、と胸が熱くなりました。

こうして見ると、自分はジャンル映画が好きなんだな、と分かります。

ふたつほど一般映画のエピソードを語りましょう。

２０１３年11月３日、ネット上で話題になっている写真を見つけました。ひとりの少女が踊っている瞬間を切り取ったカットです。

福岡のアイドルグループの一員ということでしたが、この子は素晴らしい、と天啓が下りました。

すぐに所属事務所に「彼女で映画を撮りたい」とメールすると、その週末に博多駅でステージイベントがあると教えられました。

行ってみるとステージとは名ばかりの粗末な舞台で、必死に踊っている少女がいます。彼女の姿が輝いて見えました。

それが橋本環奈《はしもとかんな》さんです。

ステージ終了後に本人とお会いしました。ご自分の低い声にコンプレックスを抱いていましたが、むしろ唯一無二の声で、これは特徴になりますよ、と応援しました。すぐに自分の映画に出てほしい、と約束を取り付けました。

時間は空きましたが、『セーラー服と機関銃－卒業－』（２０１６年３月５日）で初主演をしてもらいました。その後の活躍はご存じの通りです。ただ、本当にブレイクしたのは福田雄《ふくだゆう》一《いち》監督の『銀魂』（２０１７年７月14日）からです。橋本さんの本質はコメディエンヌなのだ、と見抜けなかったことに、自分の未熟さを感じました。

もうひとつは、東野《ひがしの》圭吾《けいご》さんのベストセラー小説を映画化した『ナミヤ雑貨店の奇蹟』（２０１７年９月23日）。

原作は過去と現代がシンクロするファンタジー。いくつものエピソードが交錯し、ひとつの結末に収斂してゆく傑作です。

映画化するには最終的に上映時間を2時間程度にまとめねばなりません。長い原作のどの部分を拾うのか。拾った部分だけで物語を回収できるのか。これについてはプロデューサーたちと議論を重ねました。

その結果、公開週には興収ランキング1位を獲得しました。実は現在の基準でランキングが発表されてから、角川映画がランキング1位を取るのは『ナミヤ雑貨店の奇蹟』が初めてでした。更に第41回日本アカデミー賞では、作品賞はじめ6部門で優秀賞を獲得することができました。

この映画で印象に残っているのは、シナリオに入る前に、東宝の川村元気《かわむらげんき》さんにお会いしたことです。

実写映画で新人の私は、ヒット作を連発する川村プロデューサーを年下のメンターとしました。川村さんは、

「実写映画の武器は俳優の肉体。踊る、闘う、走るなどの肉体の躍動で、高揚感を演出できる」

と教えてくれました。これは勉強になりました。

『ナミヤ雑貨店の奇蹟』では、ラストシーンで主人公役の山田涼介《やまだりょうすけ》さんに主人公の想いを乗せて走ってもらうよう、現場のプロデューサーに伝えました。完成した画面を見たら、想像を超える長い距離を走ってくれていて驚きました。

川村さんとつながりができてよかったのは、劇場アニメ『君の名は。』への出資を打診してくれたことです。2014年7月2日、川村さんが『君の名は。』の企画書を持って会社にやってきました。

新海誠監督はデビュー作『ほしのこえ』から注目していました。その場ですぐに出資を確約しました。

新海さんはもともとメディアファクトリーで自作の小説を書いていました。しかしこれまでの小説は映画の公開の後で出版されたものでした。今回は公開の2か月前に出版。こ

れまでの既刊も角川文庫に集めることができました。

文庫は映画公開前から若い読者に迎えられ、2016年8月26日の公開時には、すでに40万部に達していました。そして映画の大ヒットにつながります。

3・大合併とDX

角川グループは2003年のホールディングス化以来、会社分割や合併を繰り返します。その間に複数の出版社を傘下に収めていきました。

2013年6月22日、商号を（株）KADOKAWAに変更。社長はアスキー・メディアワークス出身の佐藤辰男さんが務め、私は代表取締役専務となりました。10月1日、9つの関連会社を吸収合併し、KADOKAWAは事業持ち株会社となります。角川書店、アスキー・メディアワークス、角川マガジンズ、メディアファクトリー、エンターブレイン、中経出版《ちゅうけいしゅっぱん》、富士見書房、角川学芸出版、角川プロダクションの9社合併です。

それぞれに歴史と特色があり、社員たちも自分の会社に愛着があります。これをひとつの会社にまとめてゆくのは容易ではありません。

まずはKADOKAWAのなかに、出身の会社組織を維持したブランドカンパニーという制度が導入されました。各社社長がブランドカンパニー長になります。

しかし、これはたいへん効率の悪い組織です。もともとの会社の取締役たちが、それぞれのブランドカンパニーに残っているわけですから、異常に管理職が多いヘッドヘビーな組織になります。

私としてはこの制度を廃止して、ひとつのKADOKAWAになるべきだ、と考えました。しかしそのためには、現在いる重役たちの役割を整理整頓しなければなりません。しんどい状況です。案の定、会社の業績は厳しい時期を迎えました。やむなく希望退職者をつのることになります。

さらに2014年10月1日には、それまで経営統合していたドワンゴがKADOKAWAと合併します。組織改革は火急の課題でした。

この年の11月の幹部会議で、私はブランドカンパニー制の廃止を提言しました。ところが、かねてから会社の一本化を理想としていたはずの歴彦会長が、

「僕は必ずしも井上君の主張に賛成なわけではないんだ。後はみんなで議論するように」

と言って、梯子《はしご》を外されたかっこうになりました。

それからの3か月、ブランドカンパニー制廃止のために、各カンパニー長と協議を重ねました。かたくなに現在の組織を変えたくない、という人もいます。

気持ちはよく分かりました。何と言っても私自身が、自分が所属していたザテレビジョンがなくなる時の痛みを知っているのです。しかし、各ブランドカンパニー長が独自の経営方針でいるままでは、会社として存続できません。

隗《かい》より始めよ。まず私がカンパニー長をしていた角川書店の解体を宣言しました。旧角川書店系の富士見書房と角川学芸出版も続きます。

その後も根気よく説明を重ねた結果、意外にも一番遅くグループ入りしたメディアファクトリーがブランドカンパニー廃止に真っ先に賛成してくれました。

その後、ふたつのカンパニーを残し、2015年4月に組織は、領域/ジャンル別に再編されます。残るふたつのカンパニーも翌年、翌翌年に解体に応じてくれました。

まだ個社時代のやり方が随所に残るツギハギ体制でしたが、なんとかワンカンパニーの形が整いました。それからは組織の横の壁と縦の壁を壊し、個社の文化を融合する運動を心掛けました。

結果、業績は回復していきます。

この時期は人生で最もストレスフルな毎日で、一気に体重が数キロ落ちました。

大合併で次に重要な課題は在庫問題でした。各社が持つ書籍の在庫を合わせると、なんと数千万部もありました。個々のブランドカンパニー長が自分のカンパニーの在庫を管理しているので、膨大な数の在庫が積み上がっていました。

出版社にとって、在庫と返品は重大課題です。これを解決するには在庫管理部署をひとつにまとめるしかありませんでした。

幸いなことに会社のデジタル化が進み、印刷を効率化することで、少部数からの書籍重版が可能になりました。それまでは重版するためには1500部程度からでないと効率が悪かったのですが、技術の進化で100部単位の重版が可能になりました。納品の時間も短縮されました。書籍の販売ロスと在庫削減が可能になる土壌ができました。

組織を一本化したことで改革は進み、現在では大合併後に比べると、4分の1まで在庫削減が進みました。

在庫に並ぶ出版社の大きな課題は返品です。

出版物は委託販売ですので、売れなかった雑誌や書籍は書店、取次を通して出版社に返ってきます。いかに返品を減らすかが、営業利益に直結します。KADOKAWAではDX促進に伴い、必要な部数を必要な書店に可能な限り速く届けられるよう、営業セクションが進化しました。返品率が劇的に改善されたのは、デジタル化と新技術のおかげです。

私が入社した1985年はちょうど電話や短冊での受注からFAX受注に切り替わろうとしていた時期でした。それでも業務が効率化したと営業が喜んでいた時代です。デジタルに慣れた現代の新人が見たら、原始時代に見えるでしょうね。同時に、電子書籍が順調に成長したことも一大革命です。

自分が若いころに現在のような環境だったら、どれだけ仕事ができただろうか、と夢を見ることもあります。

4・角川歴彦との思い出

最後に、角川歴彦さんのことを書きます。角川書店時代からKADOKAWAに至るまで、常に角川歴彦さんが私の上司でした。

私がメディアミックスを思い切ってやってこられたのは、歴彦さんの理解があったからに他なりません。

歴彦さんの思い出をあげればきりがありません。

特に思い出されるのは、作品にまつわるエピソードです。

角川書店において、最初に歴彦さんが主導して製作した劇場アニメが藤川桂介《ふじかわけいすけ》さん原作の『宇宙皇子《うつのみこ》』（1989年3月11日）です。監督は実写畑の吉田憲二《よしだけんじ》さん。クレジットは「製作・角川春樹」となっていますが、東映動画出身の田宮武さんにプロデューサーを任せて、企画を成立させたのは歴彦さんです。

この『宇宙皇子』の初号試写が、飯田橋に完成したばかりの角川書店本社ビル（現・第2本社ビル）の試写室で行われました。初号が終わり、吉田監督、田宮プロデューサー、そして「ニュータイプ」編集長の私が歴彦専務室に呼ばれました。その時、

「監督、僕はこの映画はこんなふうに作ってほしい」

と、歴彦さんがいろいろなアイデアを言い出して、田宮プロデューサーと私は腰を抜かしそうになりました。吉田監督も目を白黒させています。

初号試写と言えば、ほぼ映画が完成した状態です。それを歴彦さんはご存じなかったの

です。どんな映画を作るかは、シナリオに入る前の段階でプロデューサーと監督が決めねばなりません。絵作りなら絵コンテに入る前の作業です。作画や撮影が終わっている段階では、もうアニメ映画は作り直しできません。

この時まで歴彦さんは、アニメの作り方を知らなかったのです。

おそらくこの後、田宮プロデューサーが歴彦さんにアニメの制作の手順を伝えたのだと思います。

その後の歴彦さんは猛勉強したのでしょう。先にも述べましたが、たいへんな勉強家なのです。実写だけでなく、アニメでも一家言を持つようになりました。

歴彦さんは仕事に関してはとても厳しい人でした。

だからと言って、人情味がないわけではありません。「月刊少年エース」創刊号が完成した時のことです。歴彦さんから内線電話がかかってきました。（若い読者の方には分かりにくいかもしれませんが、昔の会社は社員一人一人の机の上に固定電話があり、固有の内線番号がありました）

車田正美さんの『B'TX』第1話を読んで、感動して泣いた、というのです。

このマンガは、機械皇国に誘拐された兄・鋼太郎《こうたろう》をたすけるために、主人公である弟・鉄兵《てっぺい》が活躍する物語です。

兄と弟。歴彦さんが角川書店を追われるきっかけとなった、兄・角川春樹さんとの確執が思い出されました。

犬猿の仲と思われている春樹さんと歴彦さん。しかし、歴彦さんのなかには兄を思慕する熱い感情があるのではないか、と電話を受けた時に感じました。

その思いを、意地や面目が邪魔して、うまく表現できないのではないか。

春樹さんと歴彦さんの兄弟が手を取り合っていたら、日本の出版界や映画界はもっと発展したに違いありません。

歴史にIFはありませんが、そんな別の世界線があったらと、つい夢想してしまいます。

前出の雑誌の部数会議ほどではありませんでしたが、映画に関してはいつも厳しい指摘を受け続けました。

細田守監督作品ですと『おおかみこどもの雨と雪』。私にとっては、シナリオの完成時、絵コンテの完成時、そして映画の完成時、全て泣いてしまうほど大好きな作品です。

ところが完成した映画を観た歴彦さんには、

「なぜあそこで映画が終わるんだ。あの後を描かなきゃダメじゃないか！」

と怒られました。

あそこで終わるから余韻があっていいのです。あの後を描いたら興ざめだろうと思いました。歴彦さんははっきりした終わり方が好きなのですね。

また新海誠監督の『君の名は。』を観たあとでは、

「なぜこの映画に出資したんだ。あんなにヤキモキさせる映画は見たことがない！」

と、これまた怒られました。いや、この映画は観客をヤキモキさせるのがポイントなんですよ、と言っても納得してもらえなかったのには参りました。

角川映画を安定させるために導入したジャンル映画についても、好意的に受け取ってはもらえませんでした。

結局、満足してもらえるのは、私が歴彦さんと最後に作った『Fukushima50』まで待たねばなりませんでした。

2011年3月11日に起きた東日本大震災。大津波の影響で東京電力福島第一原子力発

電所の発電機能が失われ、原子炉が暴走状態になりました。原子炉の格納容器が壊れ、放射性物質が放出されれば、東日本が壊滅する大惨事になります。

国家存亡の危機のなか、原子炉建屋内に最後まで残って、原子炉の復旧に努力した人たちの物語です。

大地震から数日間、大混乱のなかで仕事をしながら、ほとんど眠れない日々を過ごしました。ベッドの中でスマホを頼りに、刻々と変化する原子炉の状況を眺めます。日本の報道よりも、海外のニュースの方が、日本が深刻な事態に陥っていることを正確に伝えていました。

そんななか海外メディアが、原子炉建屋に残って戦っている方々を『Fukushima50』と名付けているのを知りました。

もしも危機が回避され、日本が復興への道を歩き出したら、福島第一原発であの時何があったのか、しっかりと残したいと思いました。

奇跡的に原発事故による東日本壊滅は免れました。そして、日々の仕事に追われる日常が戻ってきたある日のこと。

歴彦会長に呼び出され、一冊の本を渡されました。門田《かどた》隆将《りゅうしょう》さん著『死の淵を見た男』

です。福島第一原発事故を、当時最も詳細に取材したノンフィクションでした。

「これを映画化したいんだ。手伝ってくれ」

KADOKAWAは以前にも山崎豊子《やまさきとよこ》さん原作『沈まぬ太陽』（2009年10月24日）を映画化したことがあります。日本では「社会派」と言われる映画です。海外では実話をもとにした映画が多数作られていますが、日本ではリスクを恐れて手を出す映画会社が少ないのが現状です。

原発事故に関心があった私は、ぜひ実現したいと答えました。

タイトルは、あの日海外メディアで読んだ『Fukushima50』としました。

歴彦会長が『沈まぬ太陽』の若松節朗《わかまつせつろう》監督を起用し、制作に取り掛かりました。

私が一番こだわったのはシナリオです。主に現場のプロデューサーを介しての注文ですが、シナリオの前川洋一《まえかわよういち》さんには何稿も重ねていただきました。おそらくは歴彦会長、私、若松監督、そして現場など、様々な意見が寄せられて、前川さんは苦労されたと思います。

私がお願いしたのは、原発作業員たちをヒーローとして描かないことです。極限状態に放り込まれた等身大の人間が、どうやって困難に立ち向かうのか。その人間ドラマを描いてほしかったのです。

そのために、佐藤浩市《さとうこういち》さん演じる主人公・伊崎《いざき》と、吉岡秀隆《よしおかひでたか》さん演じる当直員・前田《まえだ》の家族の描写を重視しました。

吉岡里帆《よしおかりほ》さん演じる伊崎の娘・遥香《はるか》が、伊崎に送るメールの文面について、どうしても遥香のキャラクターに合わないものになってしまうため、私の伝手でCLAMPの大川七瀬《おおかわななせ》さんに文面の作成をお願いしました。大川さんは私が知るなかでも屈指のダイアログの名手です。大川さんはすぐに素晴らしい文面を送ってくださいました。作品のポリシーに合わせて一部手直しをしましたが、佐藤浩市さんにもOKをもらい、このメール文は劇中で強い印象を残しました。

近年Netflixで配信されたドラマ『THE DAYS』を視聴しました。同じ門田さんの原作を使って、福島第一原発事故をドラマ化したものです。連続ドラマですので、上映時間の関係でシナリオまで起こしながら私たちがカットしたシークエンスも、丁寧に描かれていました。

それはいいのですが、このメールの文面まで似たような使われ方をされていたのには驚きました。(『THE DAYS』の方は娘ではなく、息子からのメールに変更されていましたが)念を押しますが、あのメール文は私たちの映画の創作です。

『Fukushima50』では、旧知の間柄である三池敏夫《みいけとしお》さんに特撮・VFX監督で力を発揮してもらいました。

若松監督、三池監督とともに福島第一原発に足を踏み入れました。その経験を生かして、三池さんは原発施設をCGIの仮想空間で再現しました。ですから映画で描かれている福島第一原発の縮尺は、本物の敷地と同じ距離感で描かれています。

歴彦会長が力を発揮したのは、ハイランド元アメリカ駐日大使に働きかけて、在日米軍の福生市にある横田基地での撮影を実現させたことです。

また音楽に五嶋龍《ごとうりゅう》さん、長谷川陽子《はせがわようこ》さん、東京フィルハーモニー交響楽団を起用し、テンプル教会少年聖歌隊に「Danny Boy」を歌ってもらったのも歴彦さんのアイデアです。

映画のメッセージをダイレクトに表現する力が加わりました。

完成した映画が世の人々、とりわけ東北や福島の方々にどう受け取られるか、正直不安でした。しかし、福島の方々から、

「事故を風化させないでほしい」

と強い後押しをいただきました。公開後は福島で多くの動員を記録しました。

残念だったのは2020年3月6日の公開日が、新型コロナウイルス流行の第一波と重

なってしまったことです。さらに4月16日には全国で緊急事態宣言が発令され、映画館も閉鎖されてしまいました。

しかたなく映画館と同じ料金で観ることができる映像配信に踏み切りました。劇場に行けない多くの方に観ていただきましたが、一方で映画の興行関係者にはご迷惑をかけました。

ゴールデンウィークが明けてから、興行会社に事情説明の行脚をしました。

『Fukushima50』は2021年の日本アカデミー賞において、最多12部門で優秀賞を獲得。監督賞で若松監督、助演男優賞で渡辺謙《わたなべけん》さんなど、最多6部門で最優秀賞を獲りました。しかし、最優秀作品賞を獲れなかったことに、上映期間中に配信を行ったことに反発する、映画界の見えざる手を感じました。

映画公開時には珍しく富野由悠季監督から私の携帯電話に着信があり、お褒めの言葉をもらいました。

この映画が歴彦さんとの最後の共同作業になります。

「僕たちは常に熱いトタン屋根の上で踊る猫なんだ」

歴彦さんとの付き合いは40年になろうとしていますが、何度この言葉を聞かされたでしょうか。

要するに、「常に新しいことにチャレンジしていかないと、安心した瞬間に今の事業モデルは陳腐化してしまう。だから変化することを止めてはならない」ということを言っているのです。

KADOKAWAの業態がどんどん変化し、新規事業に挑戦してきたのも、この観念が根底にあります。

歴彦さんは、心配性です。常に会社や業界の将来を気に病んでいました。それを克服するための具体的な案を出し続けてきました。

また、とても猜疑心《さいぎしん》が強い人です。本当の意味で他人を信じることはなかったと思います。だから気が休まることがなかったことでしょう。

たいへんな負けず嫌いでもありました。たいして大きなビジネスになるとは思えないような企画でも、他社に持って行かれると不機嫌を隠しませんでした。

ネガティブに受け取られたとしたら、それは誤解です。

理不尽なことを言われて腹を立てていても、仕事が上手くいったと報告した時の、歴彦さんのニカッとした笑顔を見ると、何となく許せてしまう。だから歴彦さんの笑顔を見たくて、またがんばってしまう。

私にとっては仕事のうえで、父のような存在の人でした。

2024年11月、ソニーグループがKADOKAWAを買収するというニュースが飛び込んできました。買収が成立するかどうかは、この原稿を書いている12月の時点では不明です。

歴彦さんは、出版社からメディア企業への飛躍を目指し、会社を上場しました。上場企業である以上、常に買収の対象になるということは、歴彦さんも承知していたはずです。

KADOKAWAという船に乗って仕事人生の旅をしてきた歴彦さん。歴彦さんがKADOKAWAという船を降りた後にこのドラマが起きたのも、因縁めいたものを感じます。今回の買収劇の結果はともあれ、会社が新たな航海に入るとなれば、それは歴彦さんのKADOKAWAでの旅の終わりを象徴するものになるかもしれません。

5・マンガとアニメの歴史を残す

私は2024年、長く勤めたKADOKAWA本体から籍を抜きました。「合同会社ENJYU（エンジュ）」を立ち上げ、執筆やコンサルタント活動に力を入れるつもりです。

KADOKAWAグループのドワンゴとはENJYUとして業務委託契約を結びました。ドワンゴでは教育事業に関わっています。

KADOKAWAアニメ・声優アカデミーとKADOKAWAマンガアカデミーの名誉アカデミー長。そして2025年開学のZEN大学の客員教授の座に就きます。

特にZEN大学のコンテンツ産業史アーカイブ研究センターの仕事には、やりがいを感じています。

マンガとアニメの分野で、この業界の成り立ちに功績があった方々のオーラルヒストリーを取材する役目です。

かつて「悪書」などと呼ばれたマンガ。誰が作っているかなど顧みられなかったアニメ。そうした虐げられたジャンルが、こうして大学の研究対象になりました。

この業界がどうやって形作られたのか。

偉大な先人たちの証言を次の世に残していく仕事は、重要だと感じています。

ここ数年、私たちは天災や疫病、そして戦争で、世界の人々の日常があっという間に崩れ去る光景を目にしてきました。

この世界は常に不安定です。私たちはその微妙なバランスのうえで、マンガやアニメなど、エンターテインメントの楽しさを謳歌しています。

いつまたその楽しさを脅かす、暗い波が来るか分かりません。

波が来た時、それを押し返す備えが必要です。そのために、私たちの懐にある「表現の自由」という刀を磨いておきましょう。

愛するマンガ、アニメがさらに発展してゆくよう、そしてこのジャンルが世界を結び、平和な世の中を作り出してくれるよう。

そう願って筆をおこうと思います。

＊人物の肩書や名称は、文中の時系列に合わせた当時のものとしています。また公人は敬称略とさせていただきました。
テレビドラマやアニメの放映日は第1話放送日、各話はその回の放送日とさせていただいています。

解説

「オタク」はいかに「歳を重ねて」いくのか?

この解説文を執筆している2024年11月に、ソニーグループによるKADOKAWA買収の動きがあることがスクープされた。本書が発売されるころに、この問題がどう転がっているかはまったく不透明だ。ただ、一つ言えることは、この国の「オタク」産業がグローバルな資本主義の問題として扱われるように良くも悪くも「なってしまった」ということだろう。

本章で描かれたのは、井上伸一郎という一人の出版人がこの、いつの間にか巨大化していったこの国の文化産業のゆくえに大きくかかわるようになっていくその過程だ。

まず、ここで重要なのは、80年代後半にアニメージュからスタジオジブリが生まれたように、この時期に角川書店を中心としたグループが細田守、新海誠といった次世代のアニメーション作家のために「国民的な」レベルで戦うステージを用意したことだろう。かつて、そこに渦巻いていた圧倒的な熱量を伝える仕事をしていた青年たちが、この時期には若いつくり手たちを世に送り出す仕事をしはじめたのだ。冒頭の東京国際アニメフェアのボイコット「事件」も、この流れの中で発生したものだ。「好きなものをバカにされたくない」と考えていた日野の少年が、やがてアニメの思春期をその最前線で戦う青年時代を過ごし、そして気がつけばこの国の、そして世界の未来にこれらの文化をどう遺すか、という仕事をするようになっていったのだ。

これはおそらく、良くも悪くも一つの時代の「終わり」を告げるものでもあるのだろう。本章で語られる「KADOKAWA」の再編のエピソードはその象徴なのだが、近代日本を文化面で支えた「本」の流通システムは完全に耐用年数を超え、半ば崩壊しつつある。日本を含む多くの主要国家は高齢化し、ユースカルチャーから新しいものが次々と生まれていくのではなく、中高年のノスタルジーを温め、コミュニケーションの「素材」となるための懐古的な、かつて人気を集めた固有名詞を温め直す作品のほうが大きな市場を形成しつつある。インターネットの登場が人間と情報との関係を根本から変えたことは論を俟たない。残念ながら人間はどれほど想像力豊かに練り込まれた「他人の物語」を聞くよりも、ありふれたつまらない「自分の物語」を語ることを好む。「サブカルはファッション、オタクはパッション」という言葉があるが、僕にとって「オタク」とはいまだに「他人の物語」に飢えている希少な人々のことでもある。本章で語られているエピソード群は、モニターの中の他人の物語に感情移入するタイプの、もしかしたらすでに「古く」なりはじめているスタイルをどう次の世代に手渡していくのかという問題意識に根ざした試行錯誤の記録だということもできるだろう。

僕は「オタク」という価値観の中核にあるものは、この「他人の物語」への執着のようなものだと思う。自分を飾り、市場からの評価や共同体からの承認を得ることよりも、自分の外側にある好きな物事を優先する。だから、相対的に自分への（たとえば身なりや、場の空気に適した振る舞いに）関心が低くなる。この「オタク」なりの社会との向き合い方を獲得していく過程が、この井上伸一郎という出版人の回顧録であることは前述したとおりだが、その帰着点が20世紀の末に奇跡的に成立したこの「他人の物語」の消費スタイルを、次世代に遺し、つなげていく仕事になったことには必然性がある。ここに結果的に現れているのは、自分をどうにかすることではなくて、自分の外側にある、好きな事物についてかかわることで、その延長にある社会にかかわるという一つのスタイルなのだ。

かつて「テレビまんが」と呼ばれた文化はもはや若くはない。その表現の世界は拡張し、隣接分野を取り込み、グローバルに拡散してしまっている。そして、「オタク第一世代」と言われた井上さんの世代は60代半ばになり、「第三世代」と呼ばれた僕たちもすっかり中年になってしまった。

そして井上さんより20歳年少の僕は考える。自分たちの世代はどうしていくべきか、と。否応なくバトンを受け取るタイミングにいる僕たちは、どう「オタク」として（「オタク」でもある自分を受け入れて）社会と対峙していくべきなのだろうかと考えるのだ。そこには具体的には、まず本章で語られた次の世代のつくり手たちを育てる環境をどう発展させていくのかという問題があり、そして次に「好きなものを守る」ためにどのような手段がもっとも有効なのかを、それこそ「壊れてしまえ」というヒステリックな感情に身を任せることなくどう取り組んでいくかという問題がある。ここでボタンを掛け間違えると、きっと取り返しのつかないことになってしまうだろう。

しかしいちばん大切なのはたぶん、僕たちが「オタク」として、どう歳を取っていくかということだ。その中でどう、「オタク」だからこそたどり着ける価値を見つけられるのか、という問題なのだと思う。家族の観光旅行に行くよりも、自宅にいてテレビアニメを見たいと言って親を困らせ、早く帰宅してゲームがしたいという理由で職場の飲み会を敬遠して上司に嫌われる……そんな生き方をしてきた人間たちだからこその生き方のようなものが、「歳の取り方」のようなものが、今問われていると思うのだ。この回顧録には、「好きなこと」をいつの間にか「仕事」にしてしまった人間が、その中でどう社会と格闘してきたかが、生々しく記録されている。「テレビまんが」と一緒に大人になっていった世代が、時代とどう向き合っていったのかをここから学ぶことができる。そして、彼らの背中を見てきた僕たちが、どうその遺産を受け取り、そして次の世代に手渡していくのかが、そのために必要な自分たちの生き方が、社会に対する距離感と進入角度が、今問われているのだ。

あとがき

本書ができるきっかけを作ったのはＣＬＡＭＰの大川七瀬さんです。

本文中にも書いていますが、ＣＬＡＭＰさんとは雑誌「ニュータイプ」編集長時代から35年以上に渡る付き合いです。数年に一度食事をご一緒したりもします。

コロナ禍の直前、会食中に大川さんが、

「井上さん、あなたは自分の回顧録を出すべきです」

と言い出しました。

「でも、自分の会社（当時所属していたＫＡＤＯＫＡＷＡ）からだとカッコ悪いからダメ」

と念を押すことも忘れません。

そのまま月日が過ぎた２０２２年の年末。星海社の太田克史さんとお会いした時、たまたま回顧録出版の話が持ち上がり、こうして現実になりました。本の装画をＣＬＡＭＰさんが描いてくださったのは、「企画の発案者」という理由からです。

装画には私が少年期、青年期に影響を受けた『ウルトラマン』『仮面ライダー』そして『機動戦士ガンダム』をひとつの画面に入れたい、と強く願いました。常識ではありえない構図でしたが、円谷プロダクション様、石森プロ様、東映株式会社様、バンダイナムコフィルムワークス様のご理解をいただき、実現する運びとなりました。CLAMPさんの素敵な装画は、こうして誕生したのです。

権利者の皆様、CLAMPの皆様に深く感謝申し上げます。

内容については、編集者の回顧録にありがちな、自慢話に終始する形にはしたくありませんでした。私の仕事と時代性が、世の中からはどう見えているのか。そうした批評眼を本に入れたかったのです。

そこで評論家の宇野常寛さんに「各章の最後に私の仕事と各時代についての批評を書いてほしい」とお願いしました。

宇野さんと初めてお会いしたのは2010年ごろだったでしょうか。「アニメにおける角川商法を批判している若手の批評家がいる」と聞き、ぜひ話を聞いてみたいと思い、機会を作っていただきました。

話してみると、私がかつて編集していた「アニメック」の熱心な読者だと聞き、親近感が湧きました。私が注目したのは、彼が平成『仮面ライダー』シリーズの評論を展開していたからです。現在では視聴者が2世代にまたがり（昭和から数えれば3世代）安定した評価を得ている平成『仮面ライダー』シリーズですが、宇野さんが熱く筆を振るっていた2010年ごろは、まだまだ「大人が熱心に論評する価値がないもの」と見られていました。そんな「大人が見向きもしないもの」の中に「語るべき時代性」を見出す宇野さんの姿勢に、私は共感しました。本書の中でも書いた、子供時代から私が持っている「価値観の違う人間にマンガやアニメを否定されたくない」という精神に通じるものを感じたのです。

宇野さんは私の要望を聞いてくださり、批評と共に本書の聞き手の役を引き受けてくださいました。

本書にはライターの碇本学《いかりもとまなぶ》さんも大きく貢献しています。私と宇野さんとの会話を碇本さんが原稿にまとめてくださりました。私の我儘《わがまま》で多くを書き直してしまいましたが、碇本さんの元原稿がなければ、本書は形にならなかったでしょう。真夏の炎天下、本書の舞台となった「アニメック編集部があった新宿御苑」「サンライズがあった上井草」「まんが画廊があった江古田」「永野護さんの最初のアトリエがあった椎名町」「ニュータイプ編集部があった四谷坂町と市谷本村町」「角川書店本社があった本郷」「現在のKADOKAWAがある飯田橋」を二人で歩き回ったのも、いい思い出です。碇本さんが散策に付き合ってくれたおかげで、忘れていた過去の日々に向き合うことができました。

宇野さん碇本さん、そして太田克史さん、皆様に深く感謝申しあげます。


本書についてはたくさんの方に原稿のチェックをお願いしました。また事実関係が分からない部分は、当事者と直接お会いして取材した部分もあります。

そんななか印象的だったのは、仕事上の私の師と言える二人の人物、富野由悠季監督と角川歴彦さんの言葉です。お二人とも「僕のことを良く書く必要はないからね」と同じニュアンスのことをおっしゃいました。あらためて師の心の大きさを感じた瞬間でした。


最後に本書のタイトルについて。

藤本《ふじもと》タツキさんの『チェンソーマン』というマンガがあります。このマンガでは、メーンキャラクターたちがそれぞれ「チェンソーの悪魔」「幽霊の悪魔」「未来の悪魔」などと契約し、悪魔が持つ特殊能力を使えるという設定があります。

ある時「自分だったら何の悪魔と契約する（している）だろう」と考えました。出てきた結論が「メディアミックスの悪魔」でした。

少年期から今日まで、ある時は私の魂を救い、ある時は生きる力を与えてくれたのが、ひとつの作品を多層的に展開するメディアミックスという手法でした。映像もマンガも小説も全て好きな私にとって、ジャンルという壁はあってなきがごときものです。長い仕事人生のほとんどをメディアミックスの推進に使ってきました。

ジャンルの壁に閉じこもるより、ジャンルを超えて自由に飛び回りたい。ひとつのジャンルの楽しさしか知らない人に、他のジャンルの楽しさを知ってほしい。その思いは、今現在も変わるものではありません。本書では私が考えたメディアミックスのＨＯＷ ＴＯも紹介しました。

これからも様々な場所で、作品とメディアミックスの楽しさを、世界に伝えていければと考えています。

２０２４年12月　東京にて

星海社新書
328

メディアミックスの悪魔《あくま》　井上伸一郎《いのうえしんいちろう》のおたく文化史《ぶんかし》

二〇二五年　三　月一七日　第　一　刷発行

著　　　　者　井上伸一郎《いのうえしんいちろう》

発　行　者　太田克史《おおたかつし》
編　集　担　当　太田克史
編集副担当　前田和宏《まえだかずひろ》
聞き手・解説　宇野常寛《うのつねひろ》
構　　成　碇本学《いかりもとまなぶ》
発　行　所　株式会社星海社
〒一一二-〇〇一三
東京都文京区音羽一-一七-一四　音羽YKビル四階
電　話　〇三-六九〇二-一七三〇
FAX　〇三-六九〇二-一七三一
https://www.seikaisha.co.jp

発　売　元　株式会社講談社
〒一一二-八〇〇一
東京都文京区音羽二-一二-二一
（販売）〇三-五三九五-五八一七
（業務）〇三-五三九五-三六一五

印　刷　所　TOPPAN株式会社
製　本　所　株式会社国宝社

アートディレクター　吉岡秀典《よしおかひでのり》（セプテンバーカウボーイ）
デ　ザ　イ　ナ　ー　鯉沼恵一《こいぬまけいいち》（ピュープ）
フォントディレクター　紺野慎一《こんのしんいち》
校　　閲　鷗来堂《おうらいどう》
装　　画　CLAMP《クランプ》

ISBN978-4-06-534187-2
Printed in Japan

328
SEIKAISHA SHINSHO

次世代による次世代のための

武器としての教養
星海社新書

星海社新書は、困難な時代にあっても前向きに自分の人生を切り開いていこうとする次世代の人間に向けて、ここに創刊いたします。本の力を思いきり信じて、**みなさんと一緒に新しい時代の新しい価値観を創っていきたい。若い力で、世界を変えていきたいのです。**

本には、その力があります。読者であるあなたが、そこから何かを読み取り、それを自らの血肉にすることができれば、一冊の本の存在によって、あなたの人生は一瞬にして変わってしまうでしょう。**思考が変われば行動が変わり、行動が変われば生き方が変わります。**著者をはじめ、本作りに関わる多くの人の想いがそのまま形となった、文化的遺伝子としての本には、大げさではなく、それだけの力が宿っていると思うのです。

沈下していく地盤の上で、他のみんなと一緒に身動きが取れないまま、大きな穴へと落ちていくのか？　それとも、重力に逆らって立ち上がり、前を向いて最前線で戦っていくことを選ぶのか？

星海社新書の目的は、**戦うことを選んだ次世代の仲間たちに「武器としての教養」をくばることです。**知的好奇心を満たすだけでなく、自らの力で未来を切り開いていくための〝武器〟としても使える知のかたちを、シリーズとしてまとめていきたいと思います。

2011年9月

星海社新書初代編集長　柿内芳文

SEIKAISHA
SHINSHO